OSE TA VIE !

ISBN : 978-2-7029-2897-4

www.editions-tredaniel.com
info@guytredaniel.fr
www.facebook.com/tredaniel.bienvivre
@tredaniel_bienvivre

NATHALIE LE BORGNE

OSE TA VIE !

35 CLÉS POUR BOUGER SON CORPS, VIBRER AVEC SON CŒUR ET ÉCOUTER SON INTUITION

LE COURRIER DU LIVRE
27, rue des Grands-Augustins
75006 Paris

MERCI à toutes les personnes
que j'ai croisées sur mon chemin en France
ou lors de mes voyages à l'étranger
qui m'ont permis d'être la personne
que je suis aujourd'hui.

SOMMAIRE

PRÉSENTATION AUTEURE

Nathalie Le Borgne fonde sa pratique sur une solide connaissance de l'humain, l'anatomie, l'empathie et l'intuition. Initialement diplômée en tant que manipulatrice radio, elle a exercé une première partie de carrière en imagerie médicale. Elle se forme en médecine traditionnelle chinoise à Paris et en Chine. Elle acquiert une double approche occidentale et orientale.

Puis Nathalie Le Borgne devient consultante en prévention/ santé et bien-être. Aujourd'hui, elle anime des conférences, ateliers basés sur la prévention et la connaissance de soi pour les entreprises et les particuliers.

Elle est la fondatrice de la méthode BVE : Boostez votre énergie. B : bouger avec le corps ; V : vibrer avec le cœur ; E : écouter son intuition. Cette méthode permet d'allier le corps et l'esprit.

Elle a une chaîne YouTube : @nathalieleborgne22, depuis six ans. Elle interviewe les personnes qui l'inspirent dans le domaine du bien-être. Toutes les interviews citées dans cet ouvrage sont disponibles sur cette chaîne. Son site internet : www.nathalieleborgne.com.

À QUI S'ADRESSE LE LIVRE ?

Ce livre s'adresse aux personnes qui veulent **booster leur énergie pour oser décider de leur vie**. Nathalie Le Borgne propose d'apprendre à devenir son propre mécanicien pour piloter sa vie. Vous allez découvrir comment tracer votre route en vous connectant à votre corps et à votre mental pour booster votre énergie. Ce guide est un chemin d'expérimentation, de pratiques simples et concrètes pour se créer une vie sur mesure en agissant sur son quotidien.

INTRODUCTION

Votre voiture vous permet de voyager, d'aller travailler, de partir en vacances, de vous évader, de découvrir de nouveaux horizons, de rendre visite à des amis, à la famille, d'aller à la rencontre de nouvelles personnes, de participer à des événements. Vous avez une liberté, une autonomie grâce à votre véhicule qui vous met en joie et vous permet d'avancer dans la vie. Le trajet en voiture peut être un sas après une journée de travail avant de rentrer chez vous et de vous consacrer à vos activités. Pour d'autres personnes, la voiture, c'est leur deuxième maison lorsqu'elles font beaucoup de déplacements ou si elles sont en transition vers un nouveau logement. Les longs trajets en voiture permettent également de se former avec des émissions à la radio ou des podcasts.

Lorsque les personnes viennent me voir en consultation individuelle BVE (pour booster leur énergie par le corps et le mental) pour la première fois, je fais le contrôle technique de leur corps. Je suis le mécanicien qui va remettre de l'énergie là où il y a besoin en fonction des tensions corporelles avec les méridiens d'acupuncture grâce au massage chinois Tuina. Je leur pose des questions pour qu'elles trouvent leurs solutions en fonction de leur problématique. Je les accompagne à élaborer leur itinéraire pour être leur propre mécanicien : entretenir leur corps pour qu'elles apprennent à mieux se connaître, être à l'écoute des signaux corporels et des émotions en fonction de leur état général. Je les aide également à traverser une période de brouillard lorsqu'elles se dispersent et ne savent plus quelle direction prendre face à une forte dose d'émotions. Je leur permets ainsi de retrouver leur cap en se fixant des actions à mener.

MODE D'EMPLOI

Ce livre est un parcours en cinq étapes : 1) faire le contrôle technique, 2) entretenir son véhicule, 3) choisir son carburant, 4) activer son GPS, 5) piloter sa vie. À l'image de la métaphore de la voiture, **« votre corps, c'est votre véhicule, si vous ne l'entretenez pas, il va tomber en panne »** sera le fil conducteur de ce livre. Chaque étape est un rendez-vous avec vous pour booster votre énergie, apprendre à mieux vous ressourcer par le corps, à gérer vos émotions. Votre corps et vos émotions ne peuvent pas fonctionner séparément. À chaque étape vous pourrez faire votre autobilan. Célébrer les petites réalisations vous encourage à continuer à progresser vers des objectifs plus grands. Savourez d'avoir été jusqu'au bout, d'avoir donné le meilleur de vous-même pour chaque défi.

Dans ce livre, je vous partage mes expériences personnelles, mes dix ans de consultations en cabinet à Paris et en Bretagne, enrichies de quinze témoignages. Je vous propose des pratiques journalières et, à la fin de chaque chapitre, un défi à relever en fonction de vos besoins et de vos ressentis. Vous pouvez utiliser ce guide dans l'ordre des étapes ou à l'intuition. Posez-vous intérieurement la question : « De quoi ai-je besoin pour booster mon énergie aujourd'hui ? » Tournez plusieurs fois les pages du livre et arrêtez-vous intuitivement à la page qui correspond à ce que vous pouvez mettre en pratique dans le moment présent.

Les exercices proposés ne remplacent en aucun cas un traitement médical, mais ils peuvent se positionner en soutien de votre bien-être.

ÉTAPE 1

FAIRE LE CONTRÔLE TECHNIQUE

Bienvenue dans cette première étape.

« Votre corps, c'est votre véhicule », c'est lui qui vous permet d'aller d'un point A à un point B, votre destination. Lorsque vous avez un souci mécanique ou électrique sur votre voiture et que vous n'arrivez pas à gérer par vous-même, vous allez voir le mécanicien automobile. C'est un technicien d'atelier qui assure l'entretien, la maintenance (prévention des pannes), la réparation et le réglage des véhicules. À la suite de la réparation, vous allez pouvoir faire des choses par vous-même pour entretenir votre voiture (exemple : vérification de la pression des pneus, de l'usure des pneus, du niveau d'huile, du remplissage du lave-glace, faire la vidange de votre voiture si vous vous en sentez capable...).

C'est la même chose pour votre corps, parfois vous consultez un professionnel de santé ou thérapeute pour soigner une partie de votre corps-esprit et améliorer ce qui est défaillant. À la suite de cette visite, vous pourrez faire des choses par vous-même en prévention pour prendre soin de vous (exemple : faire suffisamment d'exercices physiques, diminuer la consommation de cigarettes, se mettre de la crème solaire, s'exercer à se parler avec bienveillance...).

Vous êtes souvent pris dans le tourbillon de la vie (être au top au travail, s'occuper des enfants, les amener aux différentes activités, s'occuper de ses parents qui vieillissent et qui vous sollicitent, passer du temps en famille, avec les amis) que vous oubliez de prendre un temps de pause pour vous. La première étape consiste à faire le contrôle technique de votre corps-esprit en abordant les différents éléments suivants : 1) état des lieux corps-esprit ; 2) s'autoriser à faire un stop ; 3) apprendre à mieux se connaître ; 4) exprimer ses émotions ; 5) se libérer de ses croyances limitantes.

En route pour l'aventure !

1. ÉTAT DES LIEUX CORPS-ESPRIT

La légende dit que dans la Chine ancienne,

> *« le médecin chinois n'était payé que quand ses patients restaient en bonne santé. »*

Pour les Chinois le corps et l'esprit sont liés. Le corps humain est examiné dans sa globalité et ils vont chercher la cause du dysfonctionnement. En médecine chinoise on parle d'énergie, de Qi, et de prévention pour se maintenir en bonne santé. C'est normal d'avoir des fluctuations d'énergie en fonction des saisons, des émotions, des événements qui se présentent à nous. Lorsque je suis en énergie basse, je n'ai pas d'élan, d'envie, tout est une montagne, je m'éparpille. J'ai le choix de rester en énergie basse ou de transformer cette énergie en faisant un bilan, un état des lieux corps-esprit pour mieux rebondir ensuite.

Je vous invite à faire votre état des lieux corps-esprit en répondant à ce questionnaire.

Installez-vous dans un endroit où vous ne serez pas dérangé. Pour chaque question, attribuez une note de 1 à 10. 1 étant la note la plus basse : vous n'êtes pas du tout satisfait, 10 étant la note la plus élevée : tout va bien.

1 • **Quel est votre niveau de satisfaction en ce qui concerne votre énergie physique ?**

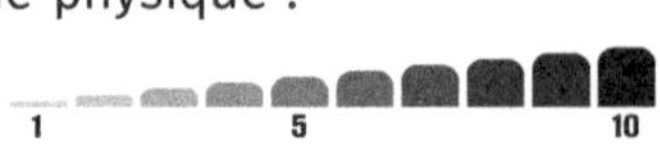

2 • Où vous situez-vous au niveau de vos émotions ?

3 • Êtes-vous satisfait de votre lieu de vie ?

4 • Êtes-vous satisfait de votre activité professionnelle ?

5 • Êtes-vous satisfait du temps que vous consacrez à vos loisirs ?

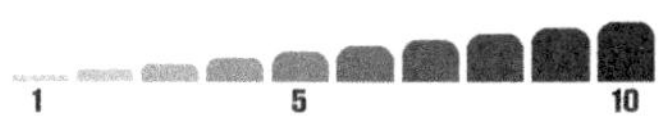

6 • À quel point vous sentez-vous heureux et épanoui dans votre vie ?

7 • Avez-vous des rêves, des projets, des passions ?

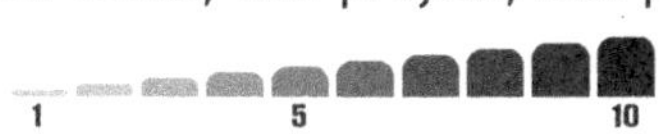

8 • Êtes-vous satisfait de votre situation amoureuse ?

9 • Quel est votre niveau de satisfaction en ce qui concerne l'état de vos finances ?

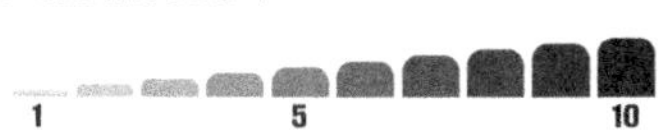

10 • Quel est votre niveau de satisfaction en ce qui concerne la qualité de vos relations familiales et amicales ?

Maintenant que votre état des lieux est fait, je vous invite à prendre un temps pour observer vos réponses pour voir où vous en êtes.

Pour continuer à faire cet état des lieux, je souhaite vous transmettre le premier outil avec la respiration. Il y a différentes pratiques de respiration : la cohérence cardiaque, la respiration au carré, la respiration alternée... J'ai envie de vous transmettre la respiration complète.

La respiration complète ou respiration complète yogique qui est parfois appelée respiration à trois niveaux. Il s'agit de la respiration abdominale, thoracique et claviculaire. Une pratique accessible vingt-quatre heures sur vingt-quatre pour reprendre de l'énergie et calmer le mental en douceur. Lorsque vous prenez une inspiration complète, cela déclenche le système nerveux vagal dans le corps. Ce nerf va du tronc cérébral à l'abdomen et est un composant principal du système nerveux parasympathique, qui est responsable des activités de « repos et de digestion » du corps. Déclencher votre système nerveux parasympathique vous aide à commencer à vous calmer. Vous vous sentez mieux et votre capacité à penser de façon rationnelle revient. Elle permet d'assurer l'apport d'oxygène nécessaire à notre organisme et l'évacuation du dioxyde de carbone résultant de notre activité.

Bénéfices de la respiration complète

- Apaise le mental
- Contrôle les émotions, évite les pensées parasites et ramène l'esprit dans le moment présent
- Favorise la confiance en soi
- Stimule et renforce la concentration

- Stimule le système digestif en faisant un massage des organes de la région abdominale
- Renforce le système immunitaire

Mon expérience

« *Lors des séances de Qi Gong que j'anime en Bretagne, je commence par cinq minutes de respiration complète. Plusieurs personnes me font le retour qu'elles utilisent cette technique lorsqu'elles attendent dans une salle d'attente, lorsqu'elles sont stressées, avant un entretien professionnel ou avant de dormir pour avoir un meilleur sommeil. J'ai la chance d'habiter au bord de la mer et je pratique la respiration complète lors de mes balades. Cette respiration en conscience me permet de calmer mon mental et de me recentrer sur mes priorités en ayant un esprit plus clair. Je ressens un bien-être dans tout mon corps après chaque session de respiration complète.* »

PRATIQUE DU JOUR : LA RESPIRATION COMPLÈTE

[5 MINUTES]

Installez-vous confortablement, choisissez la posture assise, debout ou allongée selon vos besoins. Prenez le temps de mettre de l'énergie dans ces trois niveaux pour retrouver une harmonisation complète.

1) Respiration abdominale :
portez votre attention sur les mains posées sur le ventre.

» Inspirez profondément par le nez et laissez votre ventre pousser vos mains vers l'extérieur, votre poitrine ne doit pas bouger.

» Expirez en pinçant les lèvres comme si vous siffliez. Sentez les mains sur votre ventre entrer à l'intérieur (comme si votre nombril voulait toucher votre colonne vertébrale) et utilisez cette respiration pour pousser tout l'air vers l'extérieur. Vous pouvez également visualiser un ballon sous vos mains. À l'inspire le ventre, le ballon se gonfle. À l'expire le ballon, le ventre se dégonfle.

Faites cette respiration trois fois. Prenez une respiration libre entre chaque respiration.

2) Respiration thoracique :
portez votre attention sur les mains posées sur les côtes externes.

» Inspirez par le nez doucement en écartant les côtes et les mains.

» Expirez en pinçant les lèvres comme si vous siffliez doucement en laissant les côtes et les mains se replacer en position initiale. Faites cette respiration trois fois. Prenez une respiration libre entre chaque respiration.

3) Respiration claviculaire :
portez votre attention sur les doigts posés sous les clavicules.

» Inspirez par le nez doucement sans bouger les épaules en soulevant les muscles pectoraux.

» Expirez en pinçant les lèvres comme si vous siffliez doucement en relâchant les muscles pectoraux. Cette respiration claviculaire est plus courte mais permet d'aller jusqu'en haut du thorax.

Faites cette respiration trois fois. Prenez une respiration libre entre chaque respiration.
Après ces trois étapes, mettez les bras le long du corps ou les mains sur les cuisses pour réaliser la respiration complète.

» Inspirez par le nez, le ventre se gonfle, les côtes s'écartent et la poitrine se soulève jusqu'aux clavicules.

» Expirez en pinçant les lèvres comme si vous siffliez tout doucement par la bouche en commençant par le haut du thorax, puis les côtes s'abaissent et le ventre se rétracte au maximum.

Faites cette respiration complète trois fois. Prenez une respiration libre entre chaque respiration.

BONUS : SHAKE YOUR BODY

[5 MINUTES]

(SECOUER LE CORPS)

Associez la respiration à un mouvement pour libérer les tensions corporelles, les émotions refoulées et les blocages à l'intérieur du corps. L'énergie peut alors se remettre en circulation.

Posture : debout, pieds bien à plat au sol, genoux légèrement fléchis, bras le long du corps.

» Pivotez doucement de gauche à droite pour détendre le bassin.

» Continuez avec les bras le long du corps, secouez les bras jusqu'au bout des doigts et ressentez que vous évacuez les tensions physiques et émotionnelles vers le sol.

» Répétez plusieurs fois ce mouvement jusqu'à ce que vous vous sentiez plus léger.

» Revenez au point de départ, sans bouger, et ressentez ce qui se passe à l'intérieur de vous.

» Ressentez le calme s'installer à l'intérieur de vous.

Témoignage de Fabrice Micheau[1], fondateur, directeur de HPI Talents et auteur

« *La priorité est de commencer par écouter son corps. Nous avons tendance à intellectualiser excessivement nos émotions, nous déconnectant ainsi de notre être profond. Dans un monde où les sollicitations extérieures sont incessantes, nous perdons*

1. Élodie Crépel et Fabrice Micheau, *C'est décidé, je change ma vie*, Le Courrier du Livre, 2024 (« La clé numéro 1 : Mon corps a toujours raison, je lui fais confiance », pages 28-31).

souvent le contact avec nos sensations, nos ressentis, cette part essentielle de notre humanité qui nous rend sensibles. En réalité, avant qu'une émotion ne se manifeste et que nous puissions la nommer, notre corps réagit. Par exemple, avant de reconnaître la peur devant un danger potentiel tel qu'un lion, notre corps perçoit les signaux d'alerte : accélération du rythme cardiaque, respiration saccadée, chair de poule, etc. Cette conscience sensorielle nous prévient bien avant que notre esprit n'en prenne pleinement conscience. En nous reconnectant à nos sensations corporelles, en écoutant les messages qu'il nous envoie, nous pouvons ainsi prévenir et comprendre certaines problématiques à la fois psychologiques et émotionnelles. Par exemple, prendre quelques minutes chaque jour pour pratiquer la respiration, la méditation ou la pleine conscience peut nous aider à renforcer notre connexion à notre corps et nos émotions. Beaucoup de gens sont coupés de leur corps, de leurs ressentis, de leurs émotions et de leurs intuitions. C'est une grave erreur ! Beaucoup trop sont déconnectés de leur corps et en particulier depuis ces dernières années de stress covid et restrictions. Certaines personnes ont l'habitude d'aller au-delà de leurs limites et c'est leur monde habituel. Elles pensent que leur corps va continuer à tenir uniquement avec la volonté. Comme d'habitude ! C'est ce qu'elles ont toujours vécu. Et c'est le corps qui va se charger de les arrêter : burn-out, accident, épuisement, irritation, vagues émotionnelles, sidération… Il faut savoir que le corps veut toujours notre bien, quoi qu'il fasse. Quand nous sommes en burn-out, quand nous sommes malades… il veut notre bien. Il fait le mieux possible pour nous éviter une situation pire. C'est-à-dire que ce qu'il nous propose est une solution et pas un problème. Donc il est urgent et prioritaire de se connecter ou de se reconnecter à notre corps pour anticiper les situations délicates, avoir accès à tous nos capteurs sensibles et arbitrer des choix de vie plus respectueux de nous-mêmes… enfin !»

2. S'AUTORISER À FAIRE UN STOP

> *« Prendre soin de soi est loin d'être un luxe. Notre corps est le véhicule de notre âme, si on ne l'entretient pas, il tombera en panne. »*
>
> CORINNE MAYER

Vous avez fait l'état des lieux, c'est le moment de vous autoriser à faire un stop, une pause. Cela va vous permettre de vous recentrer et de diminuer votre niveau de stress. Le concept de stress a été introduit par l'endocrinologue Hans Selye alors qu'il étudie la médecine à l'université de Prague. Il définit le stress comme l'ensemble des moyens physiologiques et psychologiques mis en œuvre par une personne pour s'adapter à un événement donné. Le changement brutal survenant dans les habitudes d'une personne, jusque-là bien équilibrées, est susceptible de déclencher un bouleversement dans sa structure psychique et même somatique. C'est une réaction que nous vivons à l'intérieur de nous pour faire face à un événement extérieur. La réponse d'un individu à un déséquilibre entre l'exigence de la situation et ses capacités à y faire face.

Hans Selye parle également de stress positif et de stress négatif : le **stress positif (stress favorable)** est un rapport à un événement spécifique (prise de parole en public) qui donne de la motivation, l'envie de se dépasser, l'adrénaline, et le **stress négatif (stress défavorable)** est une situation qui s'installe de plus en plus (un conflit relationnel au travail, avec la famille, surcharge de travail, pression d'un employeur). Afin d'expliquer le mécanisme du stress, Hans Selye publie un livre en 1956, *The Stress of Life* (*Le Stress de la vie*). Le mécanisme du syndrome d'adaptation se décompose en trois phases : 1) **phase d'alarme** : c'est la confrontation à un événement perçu comme dangereux. Nous sommes au stade du stress aigu. Notre respiration et notre rythme cardiaque s'accélèrent, nous sommes en sueur, tensions au niveau des cervicales, bas du dos ; 2) **phase de réaction** : quand le stress devient fréquent, notre organisme doit s'adapter pour « tenir la distance ». C'est pendant cette phase que nous pouvons avoir tendance à la consommation de produits calmants ou stimulants, aux troubles alimentaires. C'est inconfortable mais vous tenez bon, fatigue, troubles digestifs ; 3) **phase d'épuisement** : trop de stress trop longtemps, nous arrivons au stade du stress chronique : notre niveau de résistance décline. Notre organisme est débordé et ne contrôle plus la réaction de stress, nos réserves d'énergie sont épuisées. Ce qui conduit à l'épuisement, qui se caractérise par une fatigue souvent marquée dès le matin. C'est là qu'apparaissent les symptômes les plus marqués du stress : troubles digestifs et cardiovasculaires, TMS (troubles musculosquelettiques), avec un impact sur la santé psychique et mentale : troubles de l'humeur, insomnie, dépression, burn-out...

Dans une société dont les valeurs maîtresses sont la productivité et la performance, le temps devient de plus en plus rare et précieux. S'accorder du temps pour soi est devenu un luxe que beaucoup de personnes négligent. Je vous invite donc à prendre le temps de vous arrêter et à enlever la clé de contact de votre véhicule pour prioriser les tâches à faire. La matrice d'Eisenhower[2]

2. D'où vient cette matrice ? C'est l'ancien président des États-Unis Dwight D. Eisenhower qui a conceptualisé l'idée sur laquelle repose cet outil. Dans un discours de 1954, le 34e président des États-Unis a repris les propos du président d'une université : « J'ai deux types de problèmes : des problèmes urgents et des problèmes importants. Les problèmes urgents ne sont pas importants et les problèmes importants ne sont jamais urgents. »

est un outil de gestion des tâches qui repose sur deux critères de hiérarchisation : l'urgence et l'importance. Grâce à cet outil, vous pourrez facilement classer les tâches en quatre catégories : les tâches prioritaires, à planifier, à déléguer et à abandonner. Lorsque vous vous sentez débordé, faites un stop et focalisez-vous sur la priorité du moment. Cette méthode d'organisation vous permettra de mieux gérer vos priorités et votre temps. Prendre du temps pour soi présente de nombreux bénéfices en termes de bien-être physique et mental. En investissant dans votre propre bien-être, vous pouvez également être plus attentif aux besoins des autres et maintenir des relations sociales plus saines.

Bénéfices à s'autoriser à faire un stop

- Réduction du stress
- Amélioration de la santé mentale
- Amélioration de la concentration
- Être à l'écoute de ses besoins et de ses envies
- Faire émerger votre côté créatif

Mon expérience

« *Après ma formation en massage chinois, je me lance dans une activité professionnelle de massage mais le prix de la location pour exercer n'est pas dans mon budget. Je décide donc de travailler en freelance pour une agence de massage à Paris qui œuvre avec les spas des hôtels de luxe. Travailler en freelance veut dire que je peux être appelée entre 9 et 21 heures pour aller faire des massages dans Paris, j'ai une heure pour m'y rendre. Dans la journée je suis amenée à faire plusieurs hôtels par jour. Pendant trois mois, je décide d'être disponible sept jours sur sept, sans prendre de jours de repos pour faire mes preuves auprès de l'agence. Au bout de quelques mois, mon corps me dit STOP. Je n'ai plus d'énergie. Je décide de changer mes plages horaires de disponibilité pour l'agence pour avoir des temps de récupération. L'agence comprend bien ma demande. Je me suis mis la pression toute seule. Au fil des années, j'ai appris que lorsque j'avais des périodes de travail intense, préparation, animation de conférences et d'ateliers, c'est important d'avoir des temps de récupération à la hauteur de l'investissement donné. C'est une des raisons qui m'ont donné l'envie de venir m'installer en Bretagne car je peux me ressourcer plus rapidement avec des balades au bord de la mer.»*

PRATIQUE DU JOUR : LA MATRICE D'EISENHOWER

[10 MINUTES]

(GESTION DES TÂCHES)

Choisissez un domaine de vie où vous vous sentez dépassé et faites cet exercice.

La matrice d'Eisenhower

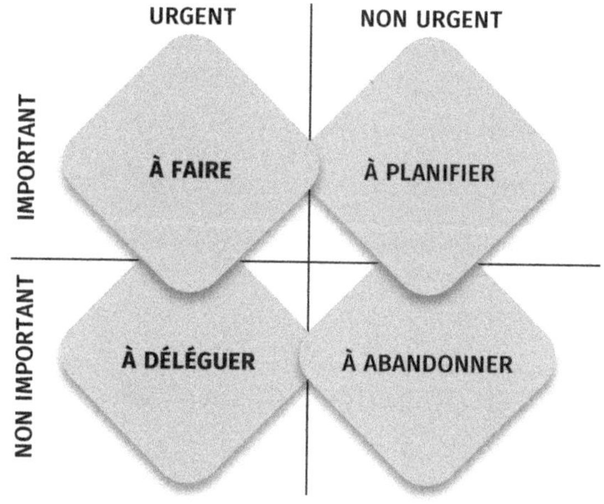

» 1er quadrant : à faire

Dans cette case, vous placerez les tâches urgentes et importantes. Ces tâches sont celles qui vous préoccupent le plus et doivent être faites le plus rapidement possible.

» 2e quadrant : à planifier

Dans cette case, vous écrirez les tâches non urgentes mais importantes. Ces tâches sont déterminantes pour vos projets à long terme, pour le moment, vous pouvez les planifier.

» 3e quadrant : à déléguer

Dans cette case, vous ajouterez les tâches urgentes mais pas importantes. Ces tâches doivent être immédiatement accomplies, elles ne mobilisent pas vos compétences. N'hésitez pas à mettre votre entourage à contribution : les enfants suffisamment grands peuvent mettre la table, le/la conjoint(e) peut vous aider à faire le ménage, les courses...

» 4e quadrant : à abandonner

Dans cette case, vous placerez les tâches de moindre importance et peu urgentes. Ces tâches ne sont pas nécessaires en ce moment.

BONUS : POINT ANTISTRESS[3]

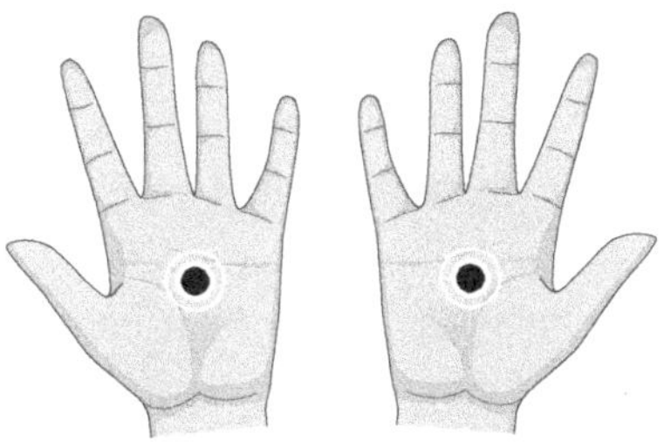

Dans vos mains, vous avez vos organes en miniature, c'est la réflexologie palmaire. Ce point correspond au plexus solaire qui est le centre des émotions. Il se trouve au centre de chaque main.

- » Joignez vos doigts, cela fait un puits au creux de la main.
- » Mettez la pulpe du pouce opposé dans le creux.
- » Ouvrez la main.

3. Chaîne YouTube Nathalie Le Borgne, vidéo « Le point antistress ».

» Exercez une légère pression sur toute la zone en vous concentrant sur votre respiration.

» Massez ce point sur les deux mains pendant trois minutes.

» Laissez la détente vous envahir, vous remarquerez que le bâillement peut venir à vous.

Témoignage de Ludovic Bréant, serial entrepreneur, expert en immobilier zen, auteur, conférencier

« Après avoir introduit mon entreprise en Bourse, je suis devenu l'un des plus jeunes entrepreneurs de France à faire fortune. Printemps 2009, le lendemain de l'acquisition d'une usine de cent quatre-vingts salariés en province (qui me mènera devant le tribunal après sa vente). Un puissant lumbago me fait souffrir de manière aiguë. Sur le moment, je ne fais pas attention au signe, qui était : "Alerte, tu n'es pas sur ton chemin, corrige le tir..." En effet, l'acquisition de cette unité de production a été le déclencheur des difficultés de mon groupe... Mon mal de dos aurait pu me permettre de prendre conscience que je n'étais pas sur le bon chemin et d'opérer un changement. Depuis cette expérience, il m'est arrivé plusieurs fois de souffrir d'un lumbago. J'ai systématiquement recherché le message caché derrière cette douleur, ce qui m'a permis de corriger et de poser des actions rectificatives. Lorsqu'une situation nous fait nous poser des questions, la réponse nous vient souvent de l'extérieur : le titre d'un article, une information à la télévision, une publicité dans le métro... En ayant l'esprit ouvert et réceptif au monde qui nous entoure, des réponses nous arrivent, des signes se manifestent. Si nous ne comprenons pas le sens de la synchronicité, nous pouvons demander à notre intuition : quel est le message, qu'est-ce que cette coïncidence signifie pour moi ? Et souvent les réponses nous sont apportées pendant la journée. »

3. APPRENDRE À MIEUX SE CONNAÎTRE

> “*Connais-toi, toi-même.*”
>
> SOCRATE

Cette phrase de Socrate « Connais-toi, toi-même » constitue l'un des piliers de la philosophie car elle invite à comprendre comment nous fonctionnons en faisant de notre pensée, de notre être et de notre réflexion un sujet d'interrogation.

Apprendre à mieux se connaître est le chemin d'une vie, autant commencer tôt. Aller chercher les ressources en vous, accepter qu'il faille du temps pour remonter votre énergie. Continuons doucement à recharger le corps et l'esprit. Les techniques de méditation et de relaxation sont nombreuses et il n'est pas toujours facile de choisir entre les différentes pratiques. J'ai envie de vous faire découvrir l'une des plus accessibles à expérimenter : le scan corporel (*body scan*).

Le scan corporel est un des exercices de méditation les plus utilisés. On le retrouve en autohypnose, en sophrologie, en yoga. La pleine conscience de son corps et de son esprit est une notion indienne très ancienne, que l'on retrouve dans l'enseignement bouddhiste des premiers temps. Le scan corporel est une technique d'imagerie mentale guidée. Cette technique consiste à visualiser chaque partie de son corps en partant du gros orteil gauche en remontant doucement. L'objectif en pratiquant le balayage corporel est de se focaliser sur chaque partie de son corps et de se sentir de plus en plus léger.

Vos muscles vont pouvoir se relâcher petit à petit jusqu'à atteindre une détente totale. Votre esprit va naturellement échapper aux pensées négatives pour ressentir le moment présent.

Bénéfices du scan corporel

- Soulager le stress, les tensions, l'anxiété
- Renforcer les capacités de concentration
- Favoriser le sommeil
- Favoriser une meilleure écoute des tensions générées par le stress
- Renouer le dialogue avec son corps

Mon expérience

« *Lorsque je me réveille dans la nuit, je pratique le scan corporel qui consiste à poser mon attention sur mon corps en me concentrant successivement sur chaque partie, sans analyser, en restant simplement à l'écoute de mes sensations. J'observe, je ressens simplement, je n'analyse rien, je ne porte aucun jugement. Je pratique à l'aide d'un enregistrement audio, qui me guide tout au long de l'exercice. J'ai enregistré une séance de scan corporel sur ma chaîne YouTube*[4]*. J'ai remarqué qu'au début de l'exercice, je bâille beaucoup et que bien souvent, je me rendors avant la fin de l'exercice.* »

4. Chaîne YouTube Nathalie Le Borgne : « Méditation : bodyscan pour se ressourcer ».

PRATIQUE DU JOUR : LE SCAN CORPOREL

[5 MINUTES]

Allongez-vous sur un tapis ou dans votre lit, posez si besoin un coussin sous votre tête.

» Fermez les yeux et prêtez attention aux bruits qui vous entourent : le vent dans les arbres, la pluie contre la fenêtre, votre propre respiration, les battements de votre cœur… Laissez ces bruits vous traverser.

» Portez votre attention sur votre corps tout entier. Ressentez les points d'appui sur le sol : talons, membres inférieurs, genoux, bassin, colonne vertébrale, omoplates, épaules, membres supérieurs, base du crâne. Comment vous sentez-vous ? Que ressentez-vous ?

» Tour à tour, posez votre attention sur chaque partie du corps : pieds, mollets, genoux, cuisses, bassin, ventre, poitrine, épaules, bras, poignets, mains, colonne vertébrale, tête. Prenez le temps de ressentir pleinement chaque membre : sa densité, ses mouvements, la circulation du sang… Si vos pensées divaguent, laissez-les tranquillement revenir sur votre corps. Ne jugez pas, n'analysez pas : contentez-vous d'observer et d'accepter.

» Portez à nouveau votre attention sur votre corps tout entier. Les sensations ont-elles changé ?

» Prenez le temps de ressentir toutes les parties de votre corps des pieds à la tête.

» Puis commencez à bouger tout en douceur, les orteils, les doigts des mains.

» Étirez-vous, bâillez, puis relevez-vous lentement.

BONUS : LA RELAXATION DE JACOBSON

[5 MINUTES]

Mise au point en 1928 par Edmund Jacobson, psychiatre américain, la relaxation de Jacobson est basée sur le relâchement musculaire permettant d'obtenir une détente mentale.

La technique de relaxation de Jacobson consiste en une série d'exercices pendant lesquels des groupes musculaires spécifiques sont contractés puis relâchés. Durant la contraction, vous vous mettez à l'écoute de ce qui crée les tensions et durant la décontraction vous ressentez les effets bénéfiques du relâchement.

L'objectif de la relaxation de Jacobson, c'est d'obtenir une détente complète physiologique grâce à un apaisement psychique et émotionnel. Pour effectuer la relaxation progressive de Jacobson, installez-vous dans un endroit calme et confortable. Étendez-vous sur le dos, les bras posés le long du corps, les pieds décroisés. Fermez les yeux si vous le désirez.

» Inspirez, le ventre se gonfle, rétention d'air, les poings sont fermés, contractez les deux membres supérieurs jusqu'aux épaules pendant cinq secondes. Expirez par la bouche et ouvrez les deux paumes de mains. Laissez le bâillement venir à vous.

» Inspirez, le ventre se gonfle, rétention d'air, ramenez les orteils vers vous, pieds flex, contractez les deux membres inférieurs jusqu'au bassin. Expirez par la bouche et relâchez les deux pieds au sol.

» Associez la contraction des membres supérieurs et inférieurs en même temps. Inspirez, le ventre se gonfle, rétention d'air, poings fermés et pieds flex en même temps, contractez les deux membres supérieurs et les deux membres inférieurs en même temps pendant cinq secondes. Expirez par la bouche et relâchez les deux membres supérieurs, mains ouvertes, et membres inférieurs, pieds détendus au sol.

» Inspirez, le ventre se gonfle, rétention d'air, décollez la tête, contractez tous les muscles du visage, des grimaces se dessinent sur votre visage pendant cinq secondes. Expirez par la bouche et relâchez tous les muscles du visage.

» Observez la décontraction qui s'opère et ressentez l'apaisement qui se diffuse dans tout votre corps.

» Laissez le bâillement venir à vous.

» Étirez-vous en douceur, ne vous levez pas précipitamment.

POUR ALLER PLUS LOIN

Expérimentez une séance de bain sonore, technique ancestrale venue d'Asie. Vivez une expérience méditative où vous êtes bercé par les sons et vibrations de bols ou gongs. Le bain sonore apporte une sensation intense de relaxation et rééquilibre les trajets énergétiques.

4. EXPRIMER SES ÉMOTIONS

> *« Exprimer ses émotions,*
> *c'est comme enlever les nuages noirs devant le soleil*
> *pour laisser pousser les fleurs. »*
>
> Tanya Sénécal

Lorsque nous sommes bouleversés, nos émotions sont parfois brouillées au point de nous empêcher de réfléchir de façon lucide. En 2005, la National Science Foundation publiait une étude du Dr Daniel Amen, psychiatre et spécialiste du cerveau. Selon cette étude, nous pourrions avoir jusqu'à 60 000 pensées par jour, 90 % de ces pensées seraient les mêmes que la veille, dont 80 % de pensées négatives conscientes ou inconscientes qui modèlent notre quotidien et nos décisions. La pensée précède toujours l'émotion et la réaction. Se répéter des phrases du genre « quelle galère, je ne suis pas doué, je rate tout ce que j'entreprends, les autres sont meilleurs que moi, je ne suis pas assez bon » va provoquer un sentiment négatif. Vous risquez d'être triste, déprimé, abattu... Face à ce flot de pensées négatives continu, nous les tournons en boucle dans notre tête. L'immobilisme s'installe peu à peu, nous ne sommes plus dans l'action, tourmentés par la peur et les angoisses.

Une pensée négative et une pensée positive n'auront pas la même onde ni le même impact. Si vous vous dites « tout va bien aller », « je peux le faire ! », « je donne le meilleur de moi », vous déclencherez un sentiment positif qui vous fera vous sentir bien. Vous pouvez apprendre à penser positivement et à développer votre langage émotionnel. Votre cerveau croit ce que vous lui dites et il rend réel ce sur quoi vous portez votre attention.

Sébastien Cazaudehore, anthropobiologue, nous explique dans son livre *Éduquer votre cerveau* que notre cerveau est notre allié émotionnel. Il nous invite à être à l'écoute de nos émotions, elles ont sûrement un message à nous transmettre. Prenez le temps de l'identifier comme un voyant qui s'allume dans votre voiture pour vous alerter d'un dysfonctionnement. Une fois le constat fait, voyez comment vous pouvez prendre les mesures nécessaires pour répondre à ce message.

Je vous propose la méthode EFT, *Emotional Freedom Technique* (technique de libération émotionnelle), qui a été découverte par un docteur en psychologie : Roger Callahan. Cette technique de libération émotionnelle lui est venue grâce à la combinaison de ses connaissances en psychologie et en médecine chinoise. Lors d'une consultation avec une patiente pour la soulager d'une phobie, il décide de stimuler un point d'acupuncture. Il lui demande de tapoter un point sous l'œil en même temps qu'elle lui parle de son mal. Peu à peu, les douleurs dont elle souffre disparaissent, et à la fin de la séance, sa phobie a disparu, pour ne jamais revenir !

L'EFT est une méthode thérapeutique psychoénergétique. Elle est favorisée par l'énergie du corps, les émotions et les sensations. C'est une harmonisation du corps et de l'esprit qui peut vous permettre de sortir de vos schémas habituels qui vous font reproduire en permanence les mêmes comportements. Vous avez conscience que ces comportements sont néfastes pour vous, pourtant vous n'arrivez pas à vous en débarrasser. La méthode EFT peut vous aider à changer. Elle part en effet du principe que toute émotion négative engendre une perturbation énergétique. Cet état peut influencer vos actions, vos pensées, votre comportement et même votre santé.

Pour vous soulager, la méthode EFT vous propose donc de stimuler des points d'acupuncture en les tapotant ou en les massant avec vos doigts et des techniques de suggestion et de pensée positive. Ces points sont localisés sur les douze méridiens de votre corps. Lors d'une séance d'EFT, ces points sont utilisés pour stimuler votre système énergétique.

Bénéfices de l'EFT

- Se libérer des émotions négatives comme la peur, l'anxiété, la culpabilité, la honte, une phobie, etc.
- Retrouver confiance en soi pour parler en public, préparer un examen, ou tout simplement dans la vie de tous les jours
- Soulager des problèmes physiques comme des migraines, des allergies, le stress, des douleurs, etc.
- Se débarrasser d'addictions ou de dépendances (tabac, alcool, compulsion alimentaire, etc.)

La **méthode EFT** est une solution simple et naturelle pour agir en soutien et vous aider à retrouver la sérénité ! Elle ne remplace jamais un avis médical.

Mon expérience

« L'EFT est une méthode que j'apprécie particulièrement car elle utilise les points d'acupuncture que j'ai étudiés lors de mes formations en médecine chinoise avec l'association de phrases positives pour libérer des émotions, des tensions dans le corps. Lors de l'interview sur ma chaîne YouTube avec Maria Annell, fondatrice du

congrès virtuel d'EFT, elle me propose une ronde pour booster mon énergie. Lors de cette pratique, j'ai ressenti que mon corps se relâchait, une détente à l'intérieur de moi s'installait, à ma surprise, je bâillais énormément. Puis j'ai ressenti un ancrage plus important, une augmentation de mon énergie et un apaisement. Le besoin de boire de l'eau s'est fait ressentir. J'aime utiliser cette technique pour libérer des émotions.»

PRATIQUE DU JOUR : LA SÉQUENCE RAPIDE D'EFT

[5 MINUTES]

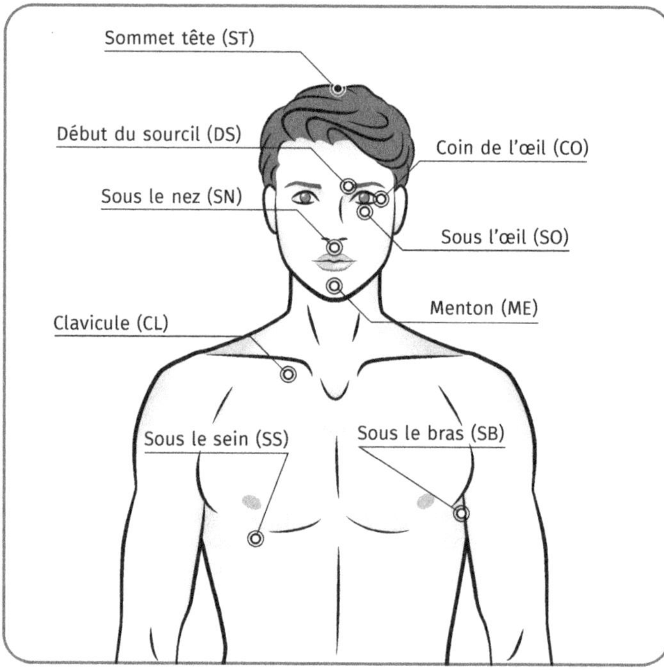

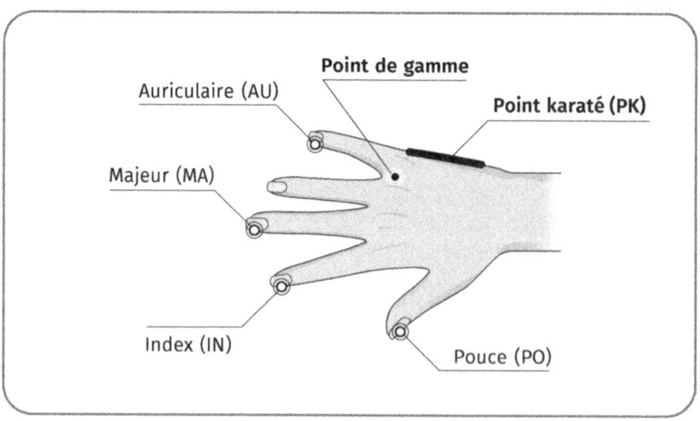

Je vous propose une routine pour pratiquer l'EFT seul pour augmenter votre énergie.

Concentrez-vous d'abord sur votre niveau d'énergie, puis évaluez son intensité sur une échelle de 1 à 10 (1 : peu d'énergie ; 10 : maximum d'énergie).

Choisissez une main, tapotez sur le point karaté (PK), il se situe sur le tranchant de la main au centre, en répétant trois fois la phrase de préparation : « Même si j'ai une baisse d'énergie, je m'aime et je m'accepte profondément. » Tapotez ensuite en répétant cette même phrase une fois sur chaque point :

- **sommet tête** (ST) ;
- **début du sourcil** (DS) ;
- **coin de l'œil** (CO) ;
- **sous l'œil** (SO) ;
- **sous le nez** (SN) ;
- **menton** (ME) ;
- **clavicule** (CL) ;
- **sous le bras** (SB) ;
- **sous le sein** (SS) ;
- **coin du pouce** (PO) ;
- **coin de l'index** (IN) ;
- **coin du majeur** (MA) ;
- **coin de l'auriculaire** (AU) ;
- **point de gamme** (entre les 4e et 5e doigts de la main).

À la fin de la ronde, réévaluez de 1 à 10 votre niveau d'énergie : évaluez votre intensité sur une échelle de 1 à 10 (1 : peu d'énergie ; 10 : maximum d'énergie). Si votre niveau d'énergie n'a pas augmenté, refaites la séquence décrite ci-dessus.

BONUS : RESET CORPS-ESPRIT[5]

[5 MINUTES]

» Installez-vous en face du soleil, debout ou assis, les pieds bien à plat au sol.

» Fermez les yeux, inspirez et expirez calmement.

» Imaginez que la lumière du soleil pénètre en vous au niveau du troisième œil (entre les deux sourcils) en faisant une réinitialisation corps-esprit (une mise à jour de votre cerveau).

» Laissez descendre cette lumière dans tout votre corps jusqu'à sortir ce rayon de soleil de la plante des pieds jusqu'à la terre.

» Ressentez les bienfaits de la lumière du soleil, une sensation de détente et de clarté s'installe dans votre corps et votre esprit.

Témoignage de Jean Louis Grazini, animateur de séances d'improvisation et thérapeute en hypnose

“ *Dans ma vie, les émotions, je les ai abordées, côtoyées, rencontrées via diverses approches. Tout d'abord, comme tout être humain en venant au monde, en me confrontant à celui-ci et aux autres. J'ai sûrement très vite pu vivre ces impressions plus ou moins agréables que sont le dégoût, la surprise, la peur, la joie, la colère et la tristesse. Avec l'arrivée de la raison, de la*

5. Inspiré du livre d'Olivier Clerc, *Les 40 Secrets du bonheur au quotidien*, Pocket, 2023.

réflexion, de la mémorisation, des habitudes et de l'apprentissage, ces émotions ont participé à la création des sentiments, des humeurs, du caractère, de la personnalité et enfin de mon identité. Puis avec le temps qui passe, l'éducation reçue et les croyances défendues par notre société occidentale, j'ai cru bon de devoir contrôler ces émotions, les limiter, voire parfois les refouler ou les nier : "on ne se met pas en colère quand on est grand", "on ne pleure pas si on est un homme", ou arriver à croire que dire "je t'aime" reviendrait à faire l'aveu de ma faiblesse ! Et ainsi, en voulant contrôler l'incontrôlable, éviter l'inévitable, je me suis lentement coupé de cette formidable énergie vitale qui fait que nous sommes des humains, des êtres un peu à part dans ce monde des vivants. Puis un jour dans ma vie est arrivé le théâtre, pratique dans laquelle nous apprenons à "jouer" des personnages, des émotions. Comme le peintre qui dispose des couleurs et des pinceaux, comme le garagiste avec sa boîte à outils, comme les comédiens, nous avons notre corps et notre voix pour mettre en jeu toute la palette des émotions. Grâce à notre technique et notre imaginaire, nous allons mettre en scène de façon réaliste ces émotions afin que le spectateur puisse les vivre par une sorte de procuration le plus sincèrement possible. Il va s'identifier aux différents personnages dans le but de s'autoriser à rire, pleurer, hurler de peur ou de colère. Son cœur doit battre aux rythmes de la scène. Il est venu au théâtre comme on se réfugie dans la lecture, la musique, la peinture, la danse... pour ressentir des émotions, pour se sentir en vie !!!! Pour cela il a fallu décortiquer le fonctionnement de cette chose automatique et inconsciente, analyser les différentes sensations physiques que créent les émotions, voir que c'est une énergie qui nous traverse, qui commence par une inspiration d'air provoquant la mise en place de tensions ou de relâchements musculaires qui vont donner naissance au mouvement. Cette énergie va venir faire vibrer nos cordes vocales qui vont créer le son juste et enfin va naître la parole, le langage. L'émotion annonce un déséquilibre qui va se résoudre par une action et qui va engendrer un nouvel équilibre. Elle est pour nous comédiens l'essence vitale qui est au cœur de toute histoire, elle devient indispensable, elle nous porte, nous transporte, sans elle il n'y a aucun intérêt, aucun mouvement, pas de vie. Enfin l'hypnose m'a aidé à faire le lien entre la vie et le théâtre. À comprendre que les émotions dans tous les domaines sont des énergies vitales qui nous traversent, elles nous apportent des messages qui nous permettent de nous adapter, de bouger, parfois même de changer à condition qu'on prenne le temps de bien les écouter. Elles sont les différents personnages essentiels du jeu de notre vie. »

POUR ALLER PLUS LOIN

Interview sur la chaîne YouTube de Nathalie Le Borgne avec Maria Annell sur « L'EFT pour booster votre énergie ».

5. SE LIBÉRER DE SES CROYANCES LIMITANTES

> « *Il n'est jamais trop tard pour devenir ce que nous aurions pu être.* »
>
> George Eliot

J'ai eu la chance d'animer une conférence-atelier en novembre 2023 « Libérons-nous de nos croyances limitantes pour cultiver notre bien-être physique et psychique » avec Flavia Mazelin Salvi, auteure et consultante spécialisée en connaissance de soi et spiritualité. Voici ce que Flavia Mazelin Salvi nous a transmis.

« Nous sommes tous conditionnés : par notre géographie de naissance, notre sexe, notre famille, notre milieu socioculturel, les croyances, les expériences et les attentes de notre famille, et cela de manière consciente ou inconsciente. Certains de ces conditionnements qui peuvent prendre différentes formes (valeurs, idéaux, croyances, types de pensée ou de comportement…) nous portent, nous structurent, nous soutiennent et nous aident à aller de l'avant. Ils sont positifs dans la mesure où nous avons une confiance en nous-mêmes et dans la vie qui nous permet de faire des choix librement, de prendre des initiatives et des risques, mais aussi de nous remettre en question, de faire marche arrière, de sortir des rails, etc. En résumé, une bonne santé psychique se caractérise notamment par une souplesse, une fluidité, une dynamique. Ce bien-être (ou mal-être) est exprimé notamment par notre voix intérieure, elle est un baromètre de comment nous nous traitons, quels sont nos empêchements, nos croyances limitantes ou erronées. Il n'est jamais trop tard pour se libérer de ses croyances limitantes. »

Byron Katie, auteure et conférencière américaine, enseigne une méthode d'autoquestionnement. Elle nous explique que nous subissons des dizaines de pensées négatives inconscientes qui nous détournent de notre direction. Elle propose une méthode simple pour sortir de ces pensées négatives : *The Work* (le travail), c'est-à-dire le retournement des pensées. À partir d'une situation précise, elle propose de retourner la croyance erronée et stressante à l'origine de la souffrance avec quatre questions.

Chaque fois que vous avez des événements qui vous bouleversent, posez-vous les quatre questions de Byron Katie.

1. Est-ce que c'est vrai ?
2. Pouvez-vous être absolument certain que ce soit vrai ?
3. Comment réagissez-vous, que se passe-t-il, quand vous croyez cette pensée ?
4. Qui seriez-vous sans cette pensée ?

Cette méthode de questionnement issue de *The Work* permet d'identifier et de remettre en question les pensées et les croyances limitantes afin d'adopter une perspective plus positive et constructive. C'est un moyen de trouver la paix avec vous-même.

Bénéfices de se libérer de ses croyances limitantes

- Augmenter sa confiance en soi, être plus entreprenant
- Expérimenter de nouvelles activités, améliorer ses performances

- Poursuivre des objectifs alignés sur des valeurs et des aspirations personnelles
- Se libérer du regard extérieur, changer de perspective
- Se libérer des fardeaux émotionnels, retrouver sa joie de vivre
- Se reconnecter à soi, être à l'écoute de ses envies

Mon expérience

« Peut-être avez-vous déjà eu ce raisonnement, "je ne peux pas le faire, je ne suis pas légitime, je suis trop âgée, pour qui on va me prendre". C'est exactement ces phrases qui ont tourné en boucle dans ma tête il y a quelques années. Lorsque je suis passée de la fonction hospitalière à entrepreneure, cela ne s'est pas fait facilement. Je quittais la sécurité de l'emploi pour me lancer dans une carrière de thérapeute en médecine chinoise. Le pas est grand mais je savais que c'était mon chemin, j'étais à l'écoute de mes envies et je me suis libérée du regard extérieur. »

PRATIQUE DU JOUR : LA FORCE DU NARRATIF

[10 MINUTES]

Je vous propose un exercice inspiré d'un atelier de Flavia Mazelin Salvi pour transformer vos croyances limitantes : **changer de perspective en expérimentant la force du narratif**, de l'autorécit.

Vous allez penser à un échec dans un domaine de votre vie.

» **Se focaliser sur le résultat négatif** et le ressenti négatif. Prêter attention à ses sensations (tension, crispation, oppression), ses émotions (colère, abattement, honte, tristesse...).

» **Se dire ensuite : « j'ai vraiment fait ce que j'ai pu »**, et rester dans cette affirmation comme on le dirait à son meilleur ami en lui demandant de se focaliser sur les différentes ressources (temps, argent, énergie, créativité, talents, aides diverses...) mises en œuvre pour atteindre son objectif, et de revivre les émotions et les sensations générées par cette mise en œuvre : enthousiasme, énergie, impatience, concentration, sentiment d'être vivant, en cohérence, etc.

Vous serez surpris de constater que le sentiment de satisfaction, de fierté, de cohérence l'emporte largement sur le sentiment d'échec. Il se pourrait aussi que pendant le « revisionnage » du film « j'ai fait ce que j'ai pu », vous vous rendiez compte que justement, vous n'avez pas fait ce que vous avez pu. Vous pourrez donc en tirer de précieux enseignements pour une prochaine expérience.

» **Fermez les yeux**, dessinez un sourire sur vos lèvres, laissez le bâillement, la détente venir à vous et ressentez l'apaisement et la libération de cette situation négative.

[5 MINUTES]

BONUS : DANSER SUR VOTRE CHANSON PRÉFÉRÉE

Pour libérer vos émotions, je vous propose également de danser sur votre chanson préférée chez vous, dans votre salon ou dehors. En lâchant prise sur votre intellect, vous oubliez vos problèmes, vos ruminations, vous vous laissez aller au spontané. Tout le monde sait danser, faites-vous confiance !

» Choisissez votre chanson préférée et écoutez-la.

» Asseyez-vous, les pieds au sol (mettez-vous debout si vous êtes plus à l'aise).

» Fermez les yeux et laissez venir à vous les mouvements spontanés, de la tête, des bras.

» Mettez-vous debout et dansez librement.

» Faites une playlist de vos chansons préférées, cela vous permettra de les enchaîner plus facilement.

POUR ALLER PLUS LOIN

Interview sur la chaîne YouTube de Nathalie Le Borgne avec Flavia Mazelin Salvi sur « Les mots qui nous libèrent ».

DÉFI 1 : « FAIRE LE CONTRÔLE TECHNIQUE »

Pour lancer et pérenniser ce ressourcement en vous, je vous propose un défi sur sept jours, entre cinq et dix minutes par jour pour commencer, puis augmentez en fonction du temps que vous avez.

Q1 : Quelle **pratique** avez-vous envie d'expérimenter ?

- ☐ Respiration complète
- ☐ *Shake your body*
- ☐ Matrice d'Eisenhower (gestion des tâches)
- ☐ Point antistress
- ☐ Scan corporel
- ☐ Relaxation de Jacobson
- ☐ Séquence rapide d'EFT (technique de libération émotionnelle)
- ☐ *Reset* corps-esprit
- ☐ Force du narratif
- ☐ Danser sur votre chanson préférée

Q2 : À quel **moment de la journée** avez-vous envie de vous entraîner ?

- ☐ Au réveil
- ☐ Avant de commencer votre journée
- ☐ Après le repas du midi
- ☐ Fin de journée
- ☐ Avant de dormir

Au jour 8, vous faites le bilan et vous répondez à ces questions :

» Quel est mon niveau d'énergie sur une échelle de 1 à 10 ? (1 : peu d'énergie ; 10 : maximum d'énergie.)

» Dans quelle émotion je me trouve après la pratique ?

» Célébrez en vous faisant plaisir car vous avez été jusqu'au bout du défi 1.

ÉTAPE 2

ENTRETENIR SON VÉHICULE

Si votre voiture ne roule pas, elle peut s'abîmer au niveau de sa batterie, de ses freins et de son moteur. Ces dommages peuvent être considérables et souvent irréversibles si la voiture n'a pas roulé depuis longtemps. La voiture peut contracter des problèmes mécaniques ou électriques.

Il en est de même pour votre corps, si votre corps a été inactif pendant un long moment, il a moins d'énergie et moins d'envie de bouger. C'est à partir de ce moment que votre corps va commencer à aller moins bien, ainsi que votre mental, et un sentiment de solitude s'installe. C'est le moment de faire la révision de votre corps.

Dans la méthode BVE, Boostez votre énergie, je propose de mettre l'action sur le B : bouger le corps avec l'intention de renouveler votre énergie. C'est le moment de s'accorder une parenthèse, un ressourcement pour recharger vos batteries, gagner en énergie positive et bouger en douceur pour prendre soin de votre corps. Cette deuxième étape consiste à entretenir son véhicule (son corps) afin de se ressourcer. Je vous propose de : 1) gagner en énergie avec les automassages Do-In ; 2) recharger vos batteries avec le Qi Gong ; 3) soulager la fatigue oculaire avec le yoga des yeux ; 4) rire avec le yoga du rire ; 5) bouger votre corps au quotidien.

En route pour bouger votre corps et changer votre état d'esprit !

1. GAGNER EN ÉNERGIE : LES AUTOMASSAGES DO-IN

> *« Votre corps est précieux, il est votre véhicule pour l'éveil, prenez-en soin. »*
>
> BOUDDHA

Les automassages Do-In qui signifient « la voie de l'énergie », appelés également autoshiatsu, sont originaires du Japon et sont basés sur les principes théoriques de la médecine chinoise. Ces techniques ancestrales visent à rééquilibrer le flux d'énergie dans le corps, prouvant ainsi le bien-être physique et mental. Le Do-In appelé également « toilette énergétique » consiste en une série d'exercices au quotidien à base de frictions, de tapotements avec les doigts, de pressions (acupression) et d'étirements.

L'avantage du Do-In, « gymnastique énergétique », c'est qu'il se pratique par soi-même sur son corps et ne nécessite aucun accessoire extérieur. Vous allez utiliser vos mains pour masser votre corps. Vous allez mettre la pression qui vous correspond. Ne vous étonnez pas si vous ressentez une légère tension sur le point que vous massez, c'est que vous avez besoin de le masser. Vous allez apprendre à vous faire du bien par vous-même en douceur.

C'est une méthode préventive qui s'adresse à tous, quel que soit votre âge. Les sportifs l'apprécient tout particulièrement avant une séance de sport pour s'échauffer et après une séance de sport pour éviter les courbatures.

L'originalité du Do-In réside dans sa simplicité, ces gestes sont souvent des réflexes que chacun utilise sans le savoir. Pratiqués en pleine conscience, ces gestes seront encore plus efficaces. Cette pratique ne nécessite pas de connaissance préalable. Avec le Do-In, l'interaction corps-esprit se fait naturellement au fur et à mesure de la pratique. Cinq minutes suffisent pour avoir des bienfaits.

Il n'existe pas vraiment de contre-indications mais abstenez-vous en cas de fièvre, infection, fracture, peau enflammée ou cicatrice récente, et sur certains points en cas de grossesse.

Le Do-In peut être pratiqué soit :

» **le matin**, c'est un réveil musculaire. Vous réveillez complètement le corps et vous éliminez la somnolence du réveil. La séance de Do-In est une toilette énergétique, il est préférable de le pratiquer après la douche et avant le petit déjeuner si vous en prenez un. Tout le corps est revitalisé et prêt à affronter la journée active ;

» **au cours de la journée**, lorsque vous avez une baisse d'énergie, la pratique du Do-In permet de retrouver tonus et dynamisme, de lutter contre la sédentarité, de lutter contre les troubles musculosquelettiques (si vous êtes assis plusieurs heures d'affilée et que vous faites des gestes répétitifs) ;

» **en soirée**, l'énergie descend, la pratique sera plus calme, plus relaxante en évitant tout ce qui est trop énergisant comme les frappes et les tapotements. Le Do-In du soir aide à mieux se détendre et améliore le sommeil.

Bénéfices des automassages Do-In

- Faire circuler l'énergie et le sang dans tout le corps
- Soulager les tensions musculaires
- Assouplir les articulations, prévenir l'arthrose et l'arthrite
- Lutter contre la sédentarité au travail, prévenir les TMS (troubles musculosquelettiques)
- Booster son énergie au quotidien, éviter les coups de barre
- Calmer le mental avant une réunion, un entretien d'embauche
- Récupérer plus facilement du décalage horaire lors de vos voyages

Mon expérience

« J'ai appris les automassages à l'âge de 12 ans grâce à mes parents qui enseignaient en Bretagne. À l'âge de 18 ans, je commence à transmettre le Do-In dans un centre de vacances où je fais des initiations découvertes pour les vacanciers. Par la suite, j'enseigne le Do-In pour les particuliers à Paris et en Bretagne. Désormais je transmets cette pratique en entreprise pour faire de la prévention et lutter contre la sédentarité au travail et les TMS (troubles musculosquelettiques). Pour ma part, les automassages m'accompagnent en fonction de mes besoins. Le matin au réveil pour activer mon corps en douceur avec une séance de cinq

minutes, avant de faire du sport pour m'échauffer, lorsque je suis longtemps assise derrière un écran pour soulager mes cervicales et avant de prendre la parole en public lors des conférences et des ateliers que j'anime. »

PRATIQUE DU JOUR : SÉANCE EXPRESS D'AUTOMASSAGES DO-IN

[5 MINUTES]

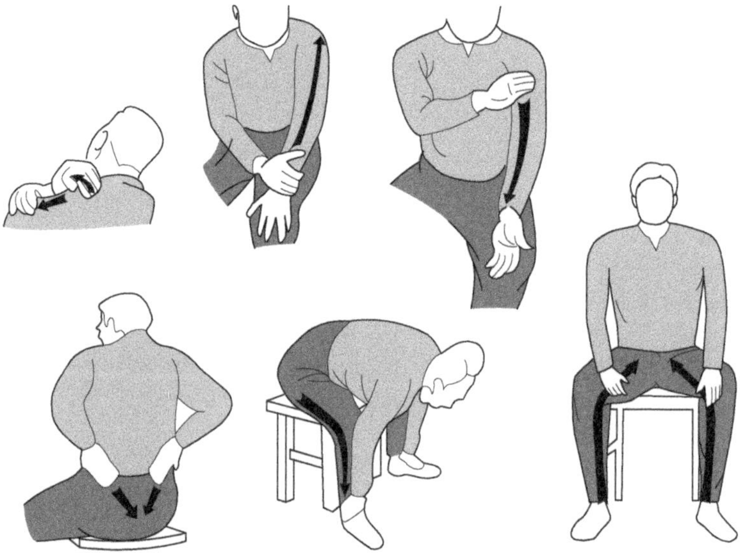

Les automassages peuvent se pratiquer debout ou assis, chez vous ou au bureau.

Ils conviennent à tous ceux qui souhaitent retrouver un regain d'énergie. Le massage se fait avec la pulpe du pouce principalement en tenant le pouce droit. Vous ajustez la pression en fonction de votre ressenti. Vous n'avez pas besoin d'appuyer fort pour avoir des résultats, soyez à l'écoute de votre corps pour mettre la pression dont il a besoin.

» Posture : debout ou assis, les pieds bien à plat au sol, le dos droit et les épaules en arrière.

» Commencez par faire trois grandes respirations, inspirez par le nez et expirez par la bouche. Première respiration pour détendre le corps, deuxième respiration pour calmer le mental, troisième respiration pour rentrer à l'intérieur de vous.

» Frottez les deux paumes de mains pour amener l'énergie dans vos mains.

» Servez-vous de votre pouce droit pour masser la paume de votre main gauche doucement, puis remontez votre pouce sur chacun des doigts en respirant profondément. Puis changez de main, utilisez le pouce gauche pour masser la paume de votre main droite. Dans vos mains vous avez tous vos organes en miniature, c'est la réflexologie palmaire.

» Continuez en faisant des tapotements avec le bout des doigts le long du bras gauche, face postérieure (du poignet vers l'épaule), en inspirant, puis redescendez face antérieure de l'épaule jusqu'au bout des doigts en expirant. Faites trois passages.

» Passez à la tête, décollez le cuir chevelu et faites des tapotements avec le bout des doigts sur tout le crâne.

» Pour le visage, faites des petits cercles en tapotant du menton vers le front pour dynamiser le visage.

» Pour la nuque : avec vos mains, décollez et roulez la peau de chaque côté des cervicales et descendez sur les trapèzes.

» Frictionnez avec la paume de vos mains la poitrine et l'abdomen jusqu'au bas du ventre.

» Pour stimuler la plante des pieds, tapez des pieds au sol pour remonter l'énergie de la terre vers la voûte plantaire.

» Pour les membres inférieurs, faites des tapotements avec le bout des doigts des chevilles à l'aine face antérieure en inspirant, puis redescendez face postérieure de la hanche jusqu'aux chevilles en expirant. Faites trois passages.

» Pour le bas du dos, serrez les poings et frictionnez le bas du dos, les reins et les fessiers. Puis courbez-vous en avant et tapotez les fessiers, les reins et remontez jusqu'où vous pouvez.

» Terminez par le massage du ventre par des rotations des mains l'une sur l'autre de gauche à droite.

Prenez un temps de pause pour ressentir et savourer les bienfaits de ce réveil musculaire dans tout votre corps.

BONUS : LA BOULE D'ÉNERGIE, POUR FAIRE CIRCULER L'ÉNERGIE DANS VOTRE CORPS

[5 MINUTES]

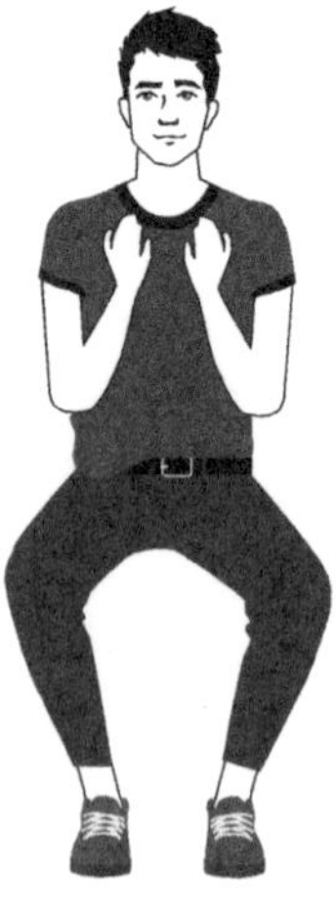

Installez-vous dans un endroit calme. Posture assise ou debout, les pieds bien à plat au sol.

» Placez vos deux paumes de mains légèrement en creux l'une en face de l'autre au niveau de la poitrine comme si vous teniez une balle entre les mains.

» Puis rajoutez la respiration, à l'inspiration les mains s'écartent doucement et à l'expiration les mains se rapprochent.

» Écartez-les et rapprochez-les doucement du plus près au plus loin. Faites-le plusieurs fois doucement.

Peut-être que vos mains sont attirées l'une vers l'autre comme des aimants. Vous pouvez ressentir des sensations de chaleur, des fourmillements, des picotements ou bien plus rarement du froid au niveau des mains. C'est l'énergie qui circule entre vos deux mains.

POUR ALLER PLUS LOIN

Retrouvez la vidéo sur le réveil musculaire avec les automassages Do-In en cinq minutes sur la chaîne YouTube Nathalie Le Borgne.

2. RECHARGER VOS BATTERIES : LE QI GONG

> « *Hâtez-vous lentement.* »
>
> Proverbe français

Le Qi Gong est une pratique millénaire d'origine chinoise qui a été développée pour améliorer la santé physique et mentale en travaillant sur l'énergie vitale du corps appelée « Qi ». Le Qi Gong est une des cinq branches de la médecine chinoise (acupuncture, massage Tuina, diététique chinoise et pharmacopée). C'est une gymnastique chinoise qui signifie « maîtrise de l'énergie », du souffle. Le Qi Gong procure une relaxation du corps car les mouvements sont lents associés à la respiration pour assouplir les articulations et les muscles.

Les mouvements du Qi Gong peuvent être plus ou moins dynamiques, soit vers le yin si les mouvements sont doux, soit vers le yang, si on pratique un Qi Gong martial. Il s'agit d'enchaîner des mouvements avec fluidité afin de rétablir un équilibre entre le corps et l'esprit.

Le Qi Gong permet de garder une bonne condition physique grâce aux différents mouvements et postures : un bon alignement postural ; une plus grande souplesse ; un renforcement musculaire ; un meilleur équilibre ; un travail sur les articulations. Les sportifs qui pratiquent une activité intensive peuvent compléter leur pratique par le Qi Gong pour avoir un équilibre yin/yang. Pour profiter des bienfaits de la pratique du Qi Gong, mieux vaut envisager une routine quotidienne de dix minutes plutôt qu'une séance de deux heures par semaine.

Bénéfices du Qi Gong

- Assouplir en douceur les articulations et soulager les tensions
- Renforcer les muscles
- Retrouver plus de tonus/vitalité et de calme intérieur
- Favoriser l'équilibre physique et mental, diminuer le stress, l'angoisse
- Faire circuler harmonieusement l'énergie à travers l'organisme
- Améliorer sa concentration
- Augmenter la confiance en soi

Mon expérience

« *En Bretagne, j'enseigne le Qi Gong, les personnes qui assistent à mes cours viennent rechercher de la lenteur dans les mouvements, un moment de pause pour se retrouver dans leur corps, être dans le moment présent et stimuler leur énergie vitale en alliant la respiration et le mouvement. Pour ma part, lorsque j'habitais à Paris, j'aimais pratiquer le Qi Gong au parc Monceau toute l'année avec le Dr Martine Depondt-Gadet. Les exercices en extérieur me permettent de mieux ressentir les éléments de la nature au fil des saisons. Les exercices de Qi Gong allient mon corps et mon esprit dans une fluidité du mouvement. Un sentiment de calme s'installe en moi et je suis plus efficace dans ma journée de travail.»*

PRATIQUE DU JOUR : POSTURE DE L'ARBRE

[5 MINUTES]

Posture de l'arbre aussi appelée *yang sheng zhuang*.

Installez-vous dans un endroit calme, à l'intérieur ou à l'extérieur.

Avant de faire du Qi Gong, effectuez quelques automassages comme vu auparavant (mains, bras, tête, nuque, membres inférieurs) pour échauffer le corps.

» Debout, pieds parallèles à la largeur des épaules.

» Pliez légèrement les genoux (ne pas dépasser le bout du gros orteil lors de votre flexion) pour rétroverser le bassin, éviter de cambrer le bas du dos et le maintenir droit.

» Abaissez les épaules, lâchez-les en conscience (sans fermer complètement les aisselles) vers le bas pour que les tensions présentes dans celles-ci puissent se dissoudre.

» Placez les bras en cercle devant vous, comme si vous formiez un ballon. Imaginez une orange sous les aisselles, dans les mains et entre les deux mains. Les mains sont soit au niveau de la poitrine, soit au niveau du bas-ventre si vous avez des problèmes au niveau des épaules.

» Reculez le menton, cet étirement de la nuque se fait dans deux directions en même temps. Vers le haut et légèrement vers l'arrière. Cela permet de libérer les tensions de la nuque.

» Mettez la langue au palais supérieur, cela permet de saliver pendant la pratique.

» Inspirez en imaginant l'énergie monter depuis la voûte plantaire de vos pieds, vos racines jusqu'au sommet de votre tête, et soufflez en visualisant l'énergie descendre depuis le sommet du crâne vers vos pieds. Ressentez ces deux énergies du ciel et de la terre qui rechargent votre corps. Cela permet de créer une connexion entre la terre et le ciel.

Commencez la posture pendant deux à trois minutes et augmentez progressivement la durée.

BONUS : MARCHER DANS LA ROSÉE

Marcher pieds nus au réveil dans l'herbe, dans la rosée du matin permet de masser les zones réflexes des pieds, renforce leur musculature, tendons et ligaments. Allez-y progressivement sur la durée, commencez par deux à trois minutes. La marche dans la rosée permet de se connecter à la terre et peut être un bon préalable à la pratique du Qi Gong.

Témoignage de Martine Depondt-Gadet, médecin généraliste et enseignante de Qi Gong

« Le Qi Gong est une pratique millénaire chinoise qui combine mouvements lents, exercices respiratoires et méditation pour cultiver et harmoniser l'énergie vitale, le "Qi", dans le corps. C'est une forme de gymnastique douce qui vise à renforcer le corps, calmer l'esprit et promouvoir la santé globale. Je suis médecin généraliste, j'ai appris le Qi Gong lorsque j'ai offert l'asile à des maîtres de Qi Gong en 1989. C'est à ce moment, en particulier lors de l'enseignement du Tien Nan Men, que j'ai découvert et reconnu les trésors de potentiel guérisseur que renferme cette pratique millénaire. Ces interactions avec ces maîtres m'ont permis de comprendre l'intelligence de la nature, les principes de la diététique, le rythme de guérison en fonction des saisons et l'impact de ceux-ci sur notre santé, des connaissances qui remontent à des milliers d'années. Aujourd'hui, j'intègre ces enseignements dans ma pratique médicale et dans mon enseignement du Qi Gong, contribuant ainsi à sensibiliser le public aux bienfaits holistiques de cette discipline ancienne. »

POUR ALLER PLUS LOIN

Qi Gong, les huit pièces de Brocart (*Ba Duan Jin*), huit mouvements qui permettent d'étirer en profondeur les méridiens d'acupuncture et de relaxer l'ensemble du corps, en favorisant la circulation du Qi et du sang. Retrouvez la vidéo sur la chaîne YouTube de Nathalie Le Borgne.

3. SOULAGER LA FATIGUE OCULAIRE : LE YOGA DES YEUX

> « *Les yeux sont les fenêtres de l'âme.* »
>
> GEORGES RODENBACH

L'origine du yoga des yeux remonte aux pratiques ancestrales du yoga. C'est une technique qui vise à améliorer la vision, à renforcer les muscles oculaires et à favoriser la concentration. Le yoga des yeux comprend des exercices de relaxation et de renforcement oculaire associés à la respiration. Cela contribue à soulager la fatigue oculaire due à une utilisation prolongée d'écrans, à améliorer la concentration visuelle, à réduire la tension dans les muscles oculaires et à favoriser la circulation sanguine autour des yeux.

Ordinateurs, téléphones, tablettes, jeux vidéo, panneaux publicitaires (etc.), les écrans sont omniprésents dans notre quotidien. Une étude de 2021[1] a déterminé que les Français passeraient en moyenne cinquante-six heures par semaine devant les écrans, et notamment sur Internet (temps passé au travail compris), ce qui, au cours d'une vie, équivaudrait à vingt-sept ans, sept mois et six jours (cent vingt-deux jours par an). Cela représente un tiers de la vie d'une personne. L'objectif des exercices de gymnastique oculaire est de venir assouplir, étirer vos yeux et leur

1. Source : NordVPN, enquête menée dans quatre pays (Allemagne, Espagne, France, Royaume-Uni) auprès de 5 000 adultes entre le 22 et le 30 juin 2021.

redonner de la mobilité. Un bon environnement de travail est également important pour soulager la fatigue oculaire : éclairer votre clavier avec une lampe, adopter une bonne posture de travail, travailler dans une pièce aérée et lumineuse, faire des pauses visuelles régulières.

Bénéfices du yoga des yeux

- Renforcer les muscles oculaires et améliorer leur mobilité
- Réduire la fatigue et la sécheresse oculaires
- Améliorer la concentration et la clarté mentale
- Gagner en souplesse et mobilité
- Hydrater les yeux

Mon expérience

“Il y a plusieurs années, je fais de la rééducation des yeux pour la myopie et l'astigmatisme. Les rendez-vous se déroulent à une heure de chez moi, j'y vais lorsque j'étais de repos à l'hôpital où je travaille en douze heures. Un jour j'ai cinq minutes de retard à cause d'un problème de transport et je ne suis pas prise au rendez-vous. Je suis énervée de ne pas avoir ma séance pour cinq minutes de retard ! Je décide de trouver une technique que je ferai chez moi pour être plus autonome. Je me forme au yoga des yeux avec Xanath Lichy puis pendant un mois je pratique matin et soir durant vingt minutes. Je contrôle ma vue et je perds une dioptrie sur

chaque œil. En prenant du temps pour faire de la prévention pour mes yeux, je me sens plus détendue et mes idées sont plus claires grâce aux pauses oculaires que je fais lorsque je reste plusieurs heures derrière un écran.»

PRATIQUE DU JOUR : SÉANCE RAPIDE DE YOGA DES YEUX

[5 MINUTES]

Pour les exercices que je propose, je vous demande de pratiquer doucement car derrière les globes oculaires vous avez six muscles et ils sont de moins en moins sollicités.

- Installez-vous confortablement dans un endroit calme, assis sur une chaise, les pieds sont plats au sol.
- Équilibrez votre bassin par de petits mouvements.
- Mettez les épaules en arrière et faites quelques respirations à votre rythme.
- Retirez vos lunettes et lentilles de contact si vous en portez.

1) *Le* palming

Le *palming*, exercice inventé par un ophtalmologue américain, le Dr William Bates, dans les années 1920, repose sur la détente oculaire et mentale. Il consiste à décontracter les tensions musculaires à l'intérieur et autour des yeux.

» Chauffez les paumes de vos mains en les frottant quelques secondes l'une contre l'autre. L'énergie qui se dégage de vos mains va nourrir vos yeux. Les mains chaudes accélèrent la circulation du sang vers les yeux.

» Posez le centre de chaque paume de main sur les yeux ouverts, les doigts serrés, ceux de la main droite couvrant légèrement ceux de la main gauche. Vos deux mains, placées en biais, forment la lettre A. Ainsi disposées, elles vont éviter le passage de la lumière. Après avoir vérifié la présence de l'obscurité totale, fermez les yeux. Veillez à ne pas appuyer sur les globes oculaires en pressant les paumes.

» À présent, inspirez et expirez à votre rythme et ressentez la chaleur de vos mains et le noir qui détendent vos yeux.

» La chaleur des mains et l'obscurité avec les yeux fermés et les paumes de mains donnent un coup de boost à vos yeux.

Astuce : mettez les coudes sur la table pour que vos épaules se relâchent.

2) Clignement des paupières

Clignez, battez des paupières six à sept fois à votre rythme pour hydrater vos yeux.

Astuce : le bâillement et le rire sont deux autres moyens naturels d'hydrater vos yeux.

3) Votre environnement

Utilisez la nature, votre environnement pour recharger vos yeux : prenez le temps de regarder le vert des arbres, le bleu de la mer, l'horizon et le ciel bleu.

Astuce : lorsque vous êtes assis plusieurs heures, levez-vous, ouvrez la fenêtre, prenez une grande respiration et fixez un point loin de vous puis un point près de vous.

Témoignage de Xanath Lichy, formatrice en yoga des yeux et auteure

« *Je suis devenue myope (– 6) et légèrement astigmate entre 7 et 8 ans. J'ai donc dû porter des lunettes, puis des lentilles en permanence car sans correction j'étais totalement dans le flou ! Désireuse de me passer de ces lunettes qui me pesaient beaucoup, à l'âge de 35 ans (c'était il y a trente et un ans !), j'ai découvert une méthode naturelle pour retrouver une bonne vue. J'ai ainsi commencé à pratiquer le yoga des yeux quotidiennement et petit à petit à porter moins mes lunettes, au bout de deux ans, plus du tout, sauf pour conduire. J'ai récupéré 80 % sur la myopie et l'astigmatisme a totalement disparu. À ce jour, à près de 66 ans, je n'ai aucune presbytie et mes yeux sont en parfaite santé. Le yoga des yeux consiste en des pratiques douces, simples et faciles : relaxations, détentes oculaires,* palming, *visualisations, gym douce pour les yeux et j'insiste : très douce ! On ne doit jamais fatiguer les yeux, on ne force pas, cette pratique est très respectueuse des yeux ! La clé de la bonne santé des yeux est la régularité dans les pratiques, ne serait-ce que quelques minutes par jour. La motivation est très importante aussi, ainsi qu'un état d'esprit positif : croire qu'il est possible de préserver la bonne santé de ses yeux et faire ce qu'il faut pour cela. Une autre clé est une bonne hygiène de vie. Le yoga des yeux nous invite aussi à avoir une alimentation saine et à bien nourrir nos yeux, ainsi qu'à utiliser des soins naturels au quotidien pour laver et protéger nos yeux. J'anime des stages de yoga des yeux "VOIR CLAIR" depuis vingt-cinq ans, et j'ai vu tant de personnes, de tous les âges avec tous types de problèmes visuels : myopie, hypermétropie, astigmatisme, presbytie et même des maladies oculaires. Les personnes veulent stabiliser leur vue, l'améliorer, retrouver plus de clarté, un confort oculaire, éliminer la sécheresse oculaire... Je ne peux que conseiller à tous d'adopter le yoga des yeux pour les soutenir et en préserver la bonne santé !*»

POUR ALLER PLUS LOIN

Interview sur la chaîne YouTube de Nathalie Le Borgne avec Xanath Lichy sur « Le yoga des yeux pour lutter contre la fatigue oculaire face aux écrans ».

4. RIRE :
LE YOGA DU RIRE

> « *Un éclat de rire, c'est une poussière de joie qui explose dans le cœur.* »
>
> AUTEUR INCONNU

Depuis l'Antiquité, les médecins préconisent de rire dix minutes par jour pour se maintenir en bonne santé. Le Dr Rubinstein, neurologue spécialiste de l'exploration du système nerveux, affirme que « le rire augmente la production de neuromédiateurs, tels que la sérotonine ou la dopamine, ce qui permet de diminuer les doses d'antidépresseurs ou d'anxiolytiques ». De plus lorsque l'on rit on offre un vrai massage à notre corps tout en stimulant nos organes.

Comme il n'est pas toujours facile de rencontrer des situations qui provoquent des éclats de rire, il est aussi possible de pratiquer le yoga du rire pour bénéficier de tous ses bienfaits. Il s'agit d'une pratique développée par Madan Kataria (médecin indien). Il s'est rendu compte que ses patients étaient en meilleure santé lorsqu'ils rigolaient. Il a donc créé des clubs du rire en alliant mimes de rire et respiration de yoga en Inde puis dans le monde. Le but de cette pratique est de faire appel au rire sans raison, le rire spontané, et cela demande de l'entraînement.

Quand on rit, on sécrète des endorphines, des hormones qui réduisent la production d'adrénaline générée par le stress.

Le rire nous permet aussi de détendre nos muscles et d'oxygéner notre cerveau et notre cœur.

L'humour est une énergie qui nous aide à dédramatiser, à voir les choses avec légèreté. Il permet de prendre de la distance, d'observer nos émotions avec un peu de hauteur sans être noyés dans des vagues émotionnelles par le rire.

Bénéfices du rire

- Évacuer le stress en réduisant le cortisol et libérer les hormones du bonheur (dopamine, ocytocine, sérotonine et endorphines)
- Augmenter l'oxygénation : le rire améliore l'apport d'oxygène aux tissus et organes du corps, ce qui peut permettre d'être plus éveillé et revitalisé
- Améliorer la circulation sanguine, ce qui permet de contribuer à une meilleure énergie
- Réduire la tension musculaire : le rire peut aider à détendre les muscles, diminuant ainsi la fatigue physique et augmentant le sentiment d'énergie

Mon expérience

« Lorsque j'interviewe Corinne Cosseron, créatrice de la rigologie et fondatrice de l'École internationale du rire, nous rigolons du début à la fin de l'interview. Elle transmet trois exercices de rigologie, technique psychocorporelle ludique de libération émotionnelle nous permettant de nous connecter à notre joie de vivre authentique quelles que soient les

circonstances. Le premier est de se mettre devant son miroir et se sourire avec bienveillance, inspirez ce sourire comme un parfum qui sent bon et se diffuse dans la poitrine. Le deuxième est de se poser, fermez les yeux et laissez venir les émotions, les accueillir, les reconnaître et les nommer. Le troisième exercice est d'évacuer les émotions en levant les bras au ciel à l'inspire et à l'expire en sortant un son ou un souffle et en descendant les bras vers le sol. Avec ces trois exercices vous faites de la place pour vous remplir de joie, de gratitude. Si vous avez envie de rire, je vous invite à regarder l'interview de Corinne sur ma chaîne YouTube[2]. »

2. Chaîne YouTube Nathalie Le Borgne, interview avec Corinne Cosseron, « Rire pour booster ses défenses immunitaires ».

PRATIQUE DU JOUR : RIRE PENDANT CINQ MINUTES

» Commencez par masser votre visage et vos zygomatiques pour vous échauffer.

» Faites plusieurs respirations abdominales pour préparer vos abdominaux.

» Frappez dans les mains et dites à haute voix : 1, 2 ; 1, 2, 3 ; 1, 2 ; 1, 2, 3...

» Continuez en touchant le bout des doigts des deux mains et dites à haute voix : oh oh ; ah ah ah ; oh oh ; ah ah ah...

» Puis sans les mains, sortez les sons : oh oh ; ah ah ah, de plus en plus enjoué (pensez à quelque chose qui vous fait rire pour que ce soit plus facile).

Astuces :

» Amusez-vous à faire des grimaces avec les enfants, ils aiment cela et leurs rires sont communicatifs.

» Entourez-vous de personnes qui vous racontent des blagues et vous font rire.

» Regardez un film comédie qui vous fait rire, un sketch d'humoriste.

Témoignage de Corinne Cosseron, créatrice de la rigologie et fondatrice de l'École internationale du rire

“ *Après dix ans de psychanalyse, quatre ans de fac de psychologie en France et de psychologie positive aux États-Unis, j'ai découvert le yoga du rire, créé par un médecin indien, qui permet de se reconnecter à son rire en quelques minutes. Stupéfaite par cette efficacité, j'ai alors entrepris un tour du monde des techniques de la joie de vivre et fondé l'École internationale du rire, la première de ce type, qui propose plus de trente formations professionnelles autour du rire et de la joie de vivre. Le rire combat le stress en réduisant le cortisol et libère les hormones du bonheur (dopamine, ocytocine, sérotonine et endorphines) nous rendant euphoriques. Il atténue les douleurs, améliore le sommeil et booste notre système immunitaire. C'est une vaste aération de l'esprit et un accélérateur de relations humaines qui nous rend optimistes, de bonne humeur et même sexys ! Un autre exemple : vous avez déjà rêvé de vous mettre au lit anéanti par un énorme rhume ? Mais vous êtes obligé de sortir célébrer un anniversaire et malgré votre piteux état vous riez toute la soirée. Oh surprise ! Le rire vous a dopé et redonné toute votre énergie !*”

POUR ALLER PLUS LOIN

Julien Peschot, directeur de l'École internationale du rire, rigologue expert et *master teacher* de yoga du rire, nous dit : « Sur le plan personnel, intégrer plus de rire dans la vie quotidienne, que ce soit à travers des comédies, des interactions avec des amis, ou des séances de yoga du rire, peut avoir un impact transformateur. Cela ne change pas seulement la perspective de la journée, en la rendant plus légère et plus joyeuse, mais cela peut aussi agir comme un catalyseur pour une meilleure santé et vitalité. Par exemple, si je dois enchaîner deux activités où je dois me rendre disponible, énergique et créatif pour un public, je me prends un temps pour faire quelques exercices de yoga du rire. Ces exercices que je fais seul ont pour vertu de me détendre (comme un sas joyeux), de me connecter à ma bonne humeur (connexion ludique à soi-même) et de me rendre disponible pour les autres (connexion aux autres). »

5. BOUGER SON CORPS AU QUOTIDIEN

> *« L'essentiel est de bouger. Bouger plus, plus souvent et plus régulièrement. »*
>
> AUTEUR INCONNU

La sédentarité est définie par une situation d'éveil caractérisée par une faible dépense énergétique en position assise ou allongée. Pour estimer la sédentarité, l'indicateur le plus utilisé dans les études est le temps passé assis devant un écran (télévision, jeux vidéo, ordinateur), même s'il ne représente qu'une part du temps réel de sédentarité. Hors temps de travail, les adultes passent ainsi quotidiennement de trois heures vingt à quatre heures quarante assis devant un écran[3].

Selon l'Organisation mondiale de la santé, la sédentarité (le manque d'activité physique) est le quatrième plus important facteur de risque de décès dans le monde. Le fait d'être sédentaire favorise les maux de dos et troubles musculosquelettiques (TMS), augmente les facteurs de risques cardiovasculaires classiques, comme le surpoids, le diabète ou encore l'hypertension artérielle.

Selon les lignes directrices de l'Organisation mondiale de la santé sur l'activité physique et la sédentarité (2020), l'activité physique est bonne pour le cœur, le corps et l'esprit. L'activité

3. Source : https://sante.gouv.fr/prevention-en-sante/preserver-sa-sante/article/activite-physique-et-sante.

physique est l'ensemble des mouvements du corps produits par les muscles, entraînant une dépense d'énergie supérieure à celle qui est dépensée au repos. L'activité physique est souvent considérée comme recouvrant uniquement la pratique sportive, alors qu'elle englobe toutes les formes d'activités physiques quotidiennes, de travail ou de loisir.

La Haute Autorité de santé dans son guide des connaissances sur l'activité physique et la sédentarité en 2022 décrit les activités physiques de la vie quotidienne en trois domaines : 1) les déplacements actifs (marcher, monter ou descendre des escaliers, faire du vélo pour aller au travail, faire les courses, etc.) ; 2) les activités réalisées dans un contexte domestique (faire le ménage, bricolage, jardinage, etc.) ; 3) les activités réalisées dans un contexte professionnel ou scolaire. L'essentiel est d'opter pour une activité progressive, adaptée à ses capacités, et de diminuer ses comportements sédentaires. Pour bouger, vous n'avez pas besoin de pratiquer un sport intensif, vous pouvez intégrer l'exercice dans votre vie quotidienne. L'idée est de questionner ses routines dans sa vie personnelle ou professionnelle pour choisir dès que possible une option permettant de bouger. Bouger régulièrement permet de faire le plein d'énergie et a des bienfaits sur la santé physique et mentale. L'activité physique peut réduire les symptômes de dépression et d'anxiété et améliorer le bien-être général.

En 2024, la Grande Cause nationale est dédiée à l'activité physique et sportive. Trente minutes d'activité physique par jour pour les adultes, c'est la recommandation diffusée dans le cadre du Programme national nutrition santé (PNNS) depuis 2002. C'est aussi la norme fixée par l'OMS Europe dans sa stratégie sur l'activité physique pour 2016-2025. Trente minutes s'inscrivent facilement dans son quotidien. La clé, c'est la répétition régulière, même modérée, qui améliore la santé. En effet, bouger permet de doper la sérotonine, les endorphines, l'adrénaline et la dopamine, dites « hormones du bonheur » antistress.

Bénéfices de bouger son corps au quotidien

- Améliorer la condition cardiovasculaire et respiratoire
- Renforcer les muscles et les os ainsi que favoriser la flexibilité et la coordination
- Améliorer l'attention, la concentration
- Maintenir une bonne santé mentale
- Réduire le stress, l'anxiété et la dépression
- Favoriser la qualité du sommeil et la résistance à la fatigue

Mon expérience

“Je me fixe l'objectif de bouger au moins trente minutes par jour. J'aime aller marcher avant de prendre mon petit déjeuner pour mettre mon corps en mouvement. Durant cette marche active, je fais des exercices de respiration. J'alterne les pratiques en fonction de mes envies, je fais du vélo en bord de mer, je pratique le golf qui me permet de bouger mon corps, je fais des randonnées sur le GR34. Maintenant je vois également le ménage comme une activité physique, et je ne le vois plus comme une corvée car je bouge mon corps. J'aime aussi mettre ma playlist et danser dans mon salon, au début ça me faisait bizarre

de danser seule, une amie me l'a conseillé. Lorsque je bouge mon corps en dansant, je ressens les bienfaits dans mon esprit. Je mets au minimum trois chansons en ne pensant à rien, juste à bouger mon corps. »

PRATIQUE DU JOUR : BOUGER TRENTE MINUTES PAR JOUR

Choisissez parmi cette liste des activités qui vous permettront de bouger trente minutes par jour. Pour les personnes qui se sentent peu entraînées pour commencer une activité physique, commencez par une activité physique de dix minutes et augmentez le temps progressivement pour arriver à trente minutes (exemple : dix minutes le matin, le midi, le soir).

» Privilégiez la marche ou le vélo pour vous rendre au travail.

» Garez-vous plus loin et marchez quelques minutes, si vous utilisez la voiture pour aller travailler.

» Descendez un ou deux arrêts plus tôt, si vous empruntez les transports en commun.

» Passez vos appels téléphoniques debout.

» Marchez pendant votre pause déjeuner.

» Empruntez les escaliers plutôt que l'ascenseur.

» Mettez votre musique préférée et dansez dans votre salon.

» Pratiquez une activité sportive.

» Faites le ménage (passez l'aspirateur, nettoyez les vitres...), bricolez, jardinez.

Astuce : nous pouvons bouger même en faisant autre chose, voici quelques pistes à expérimenter : si vous êtes dans une file d'attente, balancez-vous sur vos pieds d'avant en arrière ; brossez-vous les dents en vous tenant pendant dix secondes sur une jambe, puis sur l'autre (à répéter trois fois matin et soir) ; assis ou debout, tournez lentement la tête au-dessus de l'épaule droite, puis de l'épaule gauche (mouvement à répéter vingt fois) ; debout, faites de grands cercles avec vos bras.

BONUS : PRATIQUER LA MARCHE

[10 MINUTES MINIMUM]

La marche est l'une des activités physiques les plus faciles pour être actif, elle est gratuite et vous permet de vous sentir mieux. La marche lorsqu'elle est pratiquée à un rythme approprié et sur une distance suffisante peut contribuer à améliorer l'endurance et la forme cardiovasculaire. Elle permet de faire travailler les articulations, les muscles, les tendons ainsi que le système cardiorespiratoire. N'oubliez pas de prendre votre bouteille d'eau pour vous hydrater, soyez attentif aux signaux de votre corps comme la douleur et la fatigue et ajustez votre activité en conséquence.

Témoignage du Dr Olivier Grall, médecin généraliste, spécialisé en médecine anti-âge, passionné de sport et microbiote

“ *Bouger : activité physique ? Activité sportive ?*
Le monde va de plus en plus vite, l'information circule de plus en plus vite, les livraisons de vos commandes sont très rapides mais notre corps bouge de moins en moins... Dans notre société actuelle, notre corps s'ankylose et en subit les conséquences avec une dégradation prématurée de nos organes et de notre cerveau. Une des solutions est la mobilité quotidienne de notre corps, de la stimulation cérébrale par de la réflexion, de l'analyse, de la comptabilité... L'activité physique permet une stimulation hormonale à l'ensemble des cellules de notre corps et un entretien musculo-articulaire limitant le vieillissement. Nous sommes là dans la douceur, l'aménagement, le bien-être apportant à notre cerveau du réconfort. Le sport "n'est pas bon pour

la santé" ! Évidemment, c'est une provocation de ma part ! Mais c'est pour bien différencier les deux. Le sport est une activité physique plus intense qui sollicite notre corps et peut provoquer des lésions, une altération plus précoce de certains organes ou articulations. Le sport nécessite donc un accompagnement technique (coach) et médical afin d'optimiser au mieux notre santé. Dans notre monde moderne, nous confondons les deux ! On limite les petits déplacements, on bricole moins, on regarde des images sur les réseaux sans stimulation cérébrale, tout en sachant que l'on doit "bouger", alors on se met à pratiquer du sport de façon intense... Je le vois par le nombre grandissant d'ultra-trails, de marathons, de longue distance et par l'augmentation du nombre de pratiquants. Il faut éviter de culpabiliser les non-sportifs d'un côté et les ultra-sportifs de l'autre. Le meilleur moyen est donc de BOUGER au quotidien, d'écouter son corps et de manger équilibré et non transformé. La tête et les jambes se portent à merveille !”

POUR ALLER PLUS LOIN

Chaîne YouTube Nathalie Le Borgne avec Olivier Grall sur « Bouger son corps au quotidien ».

DÉFI 2 : « ENTRETENIR SON VÉHICULE »

Pour lancer et pérenniser ce ressourcement en vous, je vous propose un défi sur sept jours, entre cinq et trente minutes par jour pour commencer, puis augmentez en fonction du temps que vous avez.

Q1 : Quelle **pratique** avez-vous envie d'expérimenter dès demain ?

- ☐ Séance express automassages Do-In
- ☐ La boule d'énergie
- ☐ La posture de l'arbre
- ☐ Marcher dans la rosée
- ☐ Séance rapide de yoga des yeux
- ☐ Rire pendant cinq minutes
- ☐ Bouger trente minutes par jour
- ☐ Pratiquer la marche

Q2 : À quel **moment de la journée** avez-vous envie de vous entraîner ?

- ☐ Au réveil
- ☐ Avant de commencer votre journée de travail
- ☐ Après le repas du midi
- ☐ Fin de journée après le travail
- ☐ Avant de dormir

Au jour 8, vous faites le bilan et vous répondez à ces questions :

» Quel est mon niveau d'énergie sur une échelle de 1 à 10 ? (1 : peu d'énergie ; 10 : maximum d'énergie.)

» Dans quelle émotion je me trouve après la pratique ?

» Célébrez en vous faisant plaisir car vous avez été jusqu'au bout du défi 2.

ÉTAPE 3

CHOISIR SON CARBURANT

Le moteur de votre véhicule a besoin d'être alimenté en carburant pour pouvoir bien fonctionner. Vous devrez choisir le bon carburant selon le moteur de votre véhicule. Le carburant est un élément essentiel au bon fonctionnement de votre voiture. Différents types de carburant existent : les classiques (essence et gazole) et les biocarburants (SP95-E10). Une fois présent dans votre réservoir, le carburant va nourrir le moteur d'énergies mécaniques pour faire avancer la voiture.

C'est la même chose avec votre corps et votre mental, choisissez le bon « carburant » pour avancer en toute sécurité. C'est à vous de décider de ce que vous avez envie de mettre dans votre corps et votre mental pour que vous puissiez développer votre plein potentiel.

Pour cette troisième étape, je vous propose de choisir quatre « carburants » pour vous ressourcer : 1) la sieste ; 2) l'eau ; 3) les aliments ; 4) la gratitude.

À vous de sélectionner
le carburant qui vous correspond !

1. LA SIESTE POUR RÉCUPÉRER DE L'ÉNERGIE

> « *La sieste, une habitude saine.* »
>
> AUTEUR INCONNU

Le sommeil a un impact sur nos émotions, sur nos capacités physiques et cognitives ainsi que sur la manière dont nous gérons notre stress. Les signes d'un sommeil de mauvaise qualité sont souvent le manque d'énergie, de concentration ou la mauvaise humeur. Le sommeil, auquel nous consacrons environ un tiers de notre existence, est un élément primordial de notre bien-être. Pour éviter ce manque de sommeil avec des conséquences néfastes sur la santé physique et mentale, la sieste peut vous aider.

Une sieste favorise un regain d'énergie lorsqu'elle est de courte durée et permet de relancer son tonus en cours de journée. La sieste permet de détendre l'ensemble de votre corps, de reposer vos yeux fatigués des écrans, de calmer votre respiration et de diminuer votre niveau de stress. C'est une pause corporelle et mentale.

En dormant nous permettons à notre corps de reprendre des forces physiques, de recharger ses batteries, notre cerveau en profite pour récupérer d'une certaine fatigue mentale. Pour être efficace, une sieste doit être effectuée de préférence entre 13 et 16 heures afin de ne pas perturber le cycle de sommeil de nuit et ne doit pas excéder vingt minutes car au-delà, nous entrons dans la phase de sommeil profond.

La durée et la fréquence des siestes sont à déterminer en fonction de votre fatigue, de votre niveau d'énergie. Je vous développe trois types de sieste :

- **Microsieste, on l'appelle aussi la « sieste flash » :** entre quelques minutes et moins de dix minutes permettent de se relaxer, de rattraper les coups de barre du quotidien et de rester concentré. Il s'agit de vous offrir un moment de repos au calme dans une position confortable. Une sieste flash ne rattrape pas le sommeil de la veille mais permet de rester en forme plus longtemps au cours de la journée. Cette sieste énergisante vous remet en forme et vous rend plus productif. Au réveil les capacités de concentration et les performances cérébrales sont restaurées.

- **Sieste classique ou courte :** entre dix et vingt minutes dans la pénombre au calme. Elle se pratique en position allongée ou assise, programmez un réveil doux pour ne pas sombrer dans le sommeil profond.

- **Sieste longue :** entre soixante et quatre-vingt-dix minutes au lit, dans l'obscurité et le silence. Elle est idéale pour récupérer d'une nuit précédente perturbée. Cette sieste est déconseillée aux personnes souffrant d'insomnie chronique car elle risque d'altérer la qualité du sommeil nocturne.

Chaque sieste peut être adaptée en fonction de ses besoins individuels et de sa disponibilité.

Bénéfices de la sieste

- Renforcer l'attention, la mémoire et la productivité
- Améliorer la vigilance et la concentration
- Réduire le stress et réguler l'humeur
- Renforcer le système immunitaire

- Réduire la somnolence
- Recharger ses batteries et booster son énergie

Mon expérience

« Lorsque j'ai de longs déplacements en voiture pour animer des conférences ou des ateliers, je pratique cinq minutes de microsieste dans la voiture. Cette pause me permet de récupérer de l'énergie avant mon intervention. Cela m'arrive également de faire environ dix minutes de microsieste en début d'après-midi lorsque c'est possible si mon sommeil a été perturbé pour avoir l'énergie nécessaire pour le reste de la journée. J'aime également transmettre cet outil de la sieste aux personnes à la retraite qui ont parfois un sommeil plus léger et se lèvent tôt. Je leur conseille la sieste pour récupérer du sommeil. »

PRATIQUE DU JOUR :
S'EXERCER À LA MICROSIESTE

(ENTRE DEUX ET DIX MINUTES SELON VOS BESOINS)

» Installez-vous dans un endroit calme chez vous ou au bureau, assis sur une chaise dans une posture confortable, décroisez les bras et les jambes et appuyez votre dos contre le dossier du siège (variante : se pencher en avant en reposant votre tête sur vos bras croisés qui sont posés sur le bord de votre bureau).

» Coupez-vous de tout stimulus pour un court instant et fermez les yeux.

» Concentrez-vous sur votre respiration, l'air qui entre ou qui sort de vos narines. Votre respiration va devenir plus lente et plus profonde et va ainsi permettre une meilleure détente de l'ensemble de votre corps.

» Parcourez mentalement chaque région de votre corps les unes après les autres en les sentant devenir de plus en plus lourdes.

Astuce : pour ne pas sombrer totalement dans le sommeil, faites comme le peintre Salvador Dalí qui était un adepte de la microsieste, prenez un trousseau de clés dans l'une de vos mains. En vous endormant, vos muscles se relâchent et le bruit de vos clés qui s'entrechoquent vous réveillera. Vous pouvez également programmer le minuteur de votre téléphone sur le temps souhaité.

2. L'EAU, VOTRE ALLIÉE AU QUOTIDIEN

> « *L'eau n'est pas nécessaire à la vie, elle est la vie.* »
>
> ANTOINE DE SAINT-EXUPÉRY

Notre corps est composé de 60 à 65 % d'eau. Cette eau permet d'assurer de nombreuses fonctions vitales dans notre organisme. D'où l'importance de boire régulièrement de l'eau pour maintenir l'équilibre dans notre corps.

Selon le Centre d'information sur l'eau[1], il est conseillé de boire entre 1,3 et 2 litres d'eau par jour. Tout dépend de son âge, de son poids, de son niveau d'activité physique et des conditions climatiques. Tout au long de la journée, notre corps perd en moyenne 2,6 litres d'eau, sous forme de transpiration, urines, respiration, larmes. Il est recommandé de compenser cette perte hydrique par la boisson et la nourriture. Lorsque nous consommons des aliments riches en eau comme les fruits et les légumes, nous apportons environ 1 litre d'eau à notre organisme. Il faut donc apporter le reste en eau de boisson. La règle d'or est de ne pas attendre d'avoir soif pour boire. La soif permet de compenser les pertes hydriques de l'organisme, la sensation de soif indique que la déshydratation est déjà amorcée. Pensez à boire régulièrement au fil de la journée, sachant qu'une quantité de 1,5 litre correspond environ

1. Source : www.cieau.com.

à 8 verres d'eau. Il est conseillé de boire souvent et en petites quantités.

Pour les personnes qui ne pensent pas à boire au bureau, posez une bouteille d'eau de 50 cl le matin sur le bureau ou à proximité de vous lors de vos déplacements. Puis buvez au cours du déjeuner un ou deux verres d'eau. L'après-midi, pensez à remplir votre bouteille pour boire vos 50 cl. Le fait de voir votre bouteille vous donnera l'envie de boire. À noter que les boissons chaudes telles que les thés, les infusions, le café ou autres ne comptent pas dans notre consommation de l'eau car ces boissons demandent de l'énergie à l'organisme pour traiter ce qui accompagne l'eau.

J'ai envie de vous parler de l'eau chaude qui permet d'entretenir notre état de santé selon l'énergétique traditionnelle chinoise. La température de l'eau reste un point important dans l'énergétique traditionnelle chinoise, puisqu'en règle générale, il est conseillé de boire de l'eau à environ 37 °C, c'est-à-dire à température du corps, pour ne pas provoquer de choc thermique. En effet, boire de l'eau trop froide ou trop chaude va demander à l'organisme de produire davantage d'énergie pour l'amener à la température du corps afin de faciliter son absorption. Ce travail va potentiellement ralentir le métabolisme ; ce qui, selon l'énergétique traditionnelle chinoise, peut provoquer un déséquilibre yin/yang, et entraver une bonne santé à mesure que les mauvaises habitudes s'installent. Consommer de l'eau chaude (et sans rien d'autre) est une pratique ancestrale courante dans certains pays orientaux. Si vous allez en Chine par exemple, on vous demandera souvent si vous voulez de l'eau « chaude », à la place de notre traditionnelle tasse de café.

L'hiver est la saison la plus propice pour boire de l'eau chaude. Selon ses principes, ce sera le moment d'introduire du yang, et surtout du chaud dans notre organisme par l'alimentation et les boissons. Ce sera donc une période propice à l'intégration de boissons chaudes, tièdes ou à température ambiante et à limiter les boissons froides. Un verre d'eau chaude au réveil va purifier l'organisme qui s'est déshydraté au cours de la nuit, et va permettre d'éliminer plus facilement les toxines accumulées en dormant notamment au niveau de l'intestin. Certains appellent ce processus « la douche de l'intestin ». Boire de l'eau chaude dès le réveil peut contribuer à réhydrater le corps et à compenser la perte d'eau pendant la nuit. La chaleur de l'eau chaude peut avoir un effet apaisant sur le système nerveux, ce qui peut aider à réduire le stress et à favoriser la relaxation.

Bénéfices de l'eau

- Hydrater la peau, assurer son élasticité et son éclat
- Améliorer la digestion, faciliter le transit intestinal et éliminer les toxines
- Maintenir le corps à une température constante
- Éviter la fatigue
- Réduire le risque d'infection de la vessie et des voies urinaires y compris de la cystite chez les femmes

Mon expérience

“Lorsque je suis adolescente, je découvre l'eau chaude le matin au réveil ou après les repas. Je garde cette habitude et je vois les bienfaits sur ma digestion et l'hydratation de ma peau. Lors de mes séjours en Inde, ma meilleure amie est ma bouteille d'eau. Avec l'humidité et la chaleur,

j'apprécie vraiment l'eau plate lors de mes visites. J'alterne parfois avec des eaux gazeuses, mais celle qui m'hydrate le plus c'est l'eau plate. Ajouter des rondelles de citron peut également être un bon moyen de boire plus d'eau au quotidien. Le fait d'intégrer des rondelles de citron, de concombre et des feuilles de menthe donne du goût, c'est donc un excellent moyen de s'hydrater tout en boostant son organisme.»

PRATIQUE DU JOUR : BOIRE UN VERRE D'EAU CHAUDE

- Le verre d'eau chaude le plus important est probablement celui du matin.
- À jeun, au réveil, boire lentement un grand verre d'eau tiède à 37 °C.
- Boire de l'eau chaude le matin peut être une habitude saine à adopter pour commencer la journée du bon pied et prendre soin de votre corps.
- Vous pouvez tester aussi l'eau chaude en fin de repas, elle accélère le processus de digestion des aliments.

Astuce : pour obtenir la bonne température, mélanger un demi-verre d'eau tiède avec un demi-verre d'eau bouillante. Si vous avez une bouilloire avec programmateur de température, vous aurez juste à la programmer.

POUR ALLER PLUS LOIN

Depuis 1993, la Journée mondiale de l'eau est organisée par l'Organisation des Nations unies, le 22 mars. Cette journée vise à sensibiliser le public à l'importance de l'eau douce et à promouvoir la gestion durable des ressources en eau[2].

2. Source : www.un.org/fr/observances/water-day.

3. L'ALIMENTATION COMME BOOSTER D'ÉNERGIE

« Le premier des médicaments est l'alimentation. »

HIPPOCRATE

Ici, mon objectif est de vous sensibiliser à ce que vous mettez dans votre assiette. On est tous différents et nous n'avons pas tous les mêmes besoins. Certaines personnes ne prendront pas de petit déjeuner et auront de l'énergie jusqu'au déjeuner, d'autres seront en hypoglycémie vers 11 heures s'ils n'ont pas pris de petit déjeuner. Certains feront des jeûnes, monodiètes car cela leur correspond, d'autres non. Soyez à l'écoute de votre corps. Testez et voyez si cela vous fait du bien. Puis vous pouvez être aidé par des nutritionnistes, diététiciens ou naturopathes pour vous accompagner à voir ce qui peut être le mieux pour vous.

J'ai sélectionné des aliments toniques que j'utilise pour faire le plein d'énergie : **les fruits secs** par exemple, les amandes sont riches en protéines, en lipides et en fibres ; **les agrumes :** les citrons, oranges, clémentines et autres pamplemousses sont remplis de vitamine C ; **la banane** est très riche en fibres et en sucres naturels ; **l'avocat** est riche en lipides, en magnésium, et en vitamines B et E ; **les graines germées** qui incluent le soja, le blé, l'alfalfa, etc. sont riches en vitamines, minéraux, antioxydants et enzymes ; **le quinoa** est riche en protéines, en fibres, en vitamines et minéraux tels que le fer, le magnésium ; **le gingembre** est un aliment tonique, il active votre circulation sanguine et stimulera votre activité cérébrale ; **le chocolat noir,** 70 % de cacao minimum de bonne qualité, est riche en fer et en magnésium (pas plus de 30 g par jour, soit un carreau).

Le rythme de la vie moderne vous épuise et vous peinez à garder du tonus, vous allez compenser par le sucre. Compenser par le sucre peut être le résultat de divers facteurs : des fluctuations de l'humeur, des habitudes alimentaires, des réactions au stress et des déséquilibres hormonaux. Le sucre est souvent perçu comme une source rapide de réconfort ou de plaisir, car il stimule la libération de neurotransmetteurs tels que la sérotonine, qui peuvent temporairement améliorer l'humeur. Cette sensation est souvent suivie d'une baisse d'énergie et peut contribuer à un cycle de consommation excessive de sucre, ce qui peut avoir des implications négatives pour la santé à long terme.

Un excès de sucre provoque un excès de travail du pancréas qui fatigue l'organisme et ralentit le fonctionnement normal du cerveau. Le sucre peut entraîner une inflammation chronique qui affecte différentes fonctions de l'organisme. Réduire ou arrêter la consommation de produits sucrés permet de retrouver une peau souple et lumineuse, de stabiliser son humeur, de perdre quelques kilos, de renforcer son système immunitaire, de protéger ses dents et d'éliminer la mauvaise haleine.

Il est important de noter que tous les sucres ne sont pas nécessairement mauvais pour la santé. Les sucres naturellement présents dans les fruits, les légumes et les produits laitiers sont souvent accompagnés de nutriments bénéfiques pour la santé. Cependant, il est recommandé de limiter la consommation de sucres ajoutés, présents dans les boissons sucrées, les desserts, les confiseries et de nombreux aliments transformés.

Bénéfices de l'alimentation comme booster d'énergie

- Maintenir un niveau d'énergie stable tout au long de la journée
- Diminuer l'état de fatigue
- Booster son système immunitaire

Mon expérience

« *Lors d'une formation de méditation en pleine conscience MBSR* (Mindfulness-Based Stress Reduction)*, je fais l'expérience de manger un raisin sec en conscience. Je commence par regarder la forme, la couleur du raisin puis une fois dans la bouche, l'objectif c'est de ne pas l'avaler rapidement. Ainsi je ressens le croquant du raisin, le goût, le bruit que cela fait de le mâcher dans la bouche et de l'avaler le plus lentement possible. Un bel exercice qui me permet de voir qu'un seul raisin a nourri tous mes sens puisque j'ai pris le temps de le faire en conscience. Un autre exemple, j'aime aller au marché et cuisiner avec mon amie Séverine qui est passionnée de cuisine. Elle allie à merveille les produits locaux et biologiques dans l'assiette en utilisant sa créativité et son intuition. Forte de ses formations professionnelles culinaires,* *elle me transmet avec simplicité ses connaissances et j'aime pratiquer en sa compagnie. Un bon moment de partage et un régal de prendre le temps de savourer ses créations et d'échanger sur ses recettes novatrices. Elle a le don de créer des ambiances, des thématiques pour accompagner les plats. Je me souviens d'une soirée sur la thématique de l'Amérique où chaque personne confectionnait son burger avec différents fromages, sauces, viandes et buns. Séverine et son mari Arnaud m'ont fait voyager lors de la soirée comme si j'étais aux États-Unis avec une belle décoration ramenée de leur voyage en Floride. Merci Séverine d'éveiller mes sens lors de nos repas partagés ensemble.*”

PRATIQUE DU JOUR :
MANGER EN CONSCIENCE

La digestion des aliments commence dans la bouche, d'où l'importance de prendre le temps de mastiquer. On le sait tous mais nous ne prenons pas le temps de manger en conscience. La mastication est la première étape de la digestion. Elle stimule les glandes salivaires pour produire de la salive qui aide à humidifier les aliments, ce qui les rend plus faciles à avaler.

» Assurez-vous de manger dans un endroit calme (évitez de manger en regardant les informations à la télévision, évitez les écrans d'ordinateurs ou le téléphone portable pour donner toute votre attention à votre repas).

» Réservez du temps pour manger, un repas pris rapidement ne vous permettra pas de bien mastiquer.

» Mettez de la couleur dans vos assiettes. La vue participe aussi à la saveur des aliments que vous mangez. Faites plaisir à vos papilles en mettant de la couleur dans votre assiette.

» Optez pour prendre de petites bouchées pour avoir le temps de mastiquer.

» Savourez ce que vous mangez en faisant appel à tous vos sens.

Astuce : expérimentez de manger les yeux fermés pour vous concentrer sur ce que vous mangez.

Témoignage de Sylvie Coppin, kinésithérapeute, ostéopathe et nutritionniste

“*Si l'alimentation aujourd'hui est un vaste débat, il y a quelques centaines d'années, elle n'était alors qu'une question de vie, voire de survie, et c'est ainsi qu'au cours de ce dernier siècle l'alimentation a évolué plus que pendant le dernier millénaire. Lire les étiquettes, comprendre que le taux de glucides dans les aliments est fondamental pour notre santé et pour bien vieillir. Nos enfants sont élevés dans le sucre et nous nous étonnons d'avoir des ados fatigués. Le grand responsable de nos fatigues et nos dépressions est l'excès de glucides. Être conscient de son alimentation, c'est important, il y aura une amélioration de l'état général, cela se répercute au niveau du sommeil, de la fatigue, des douleurs corporelles (exemple : arthrose des genoux, épaules, articulations). C'est notre corps qui a la solution pour nous maintenir en bonne santé, quant à notre cerveau, lui nous indique quand manger (libération de ghréline) et quand nous avons assez mangé en libérant une autre hormone, celle de la satiété, la leptine entre autres. Nous avons un corps parfaitement réglé à condition de lui donner le bon carburant et la quantité nécessaire à son fonctionnement qui peut varier selon nos activités, notre corpulence et notre âge, mais nous sommes parfaitement programmés à une seule et unique condition : celle d'écouter notre corps ! Nous devons respecter notre système digestif : 1) manger lentement et consciemment ; 2) mâcher : c'est la première fonction fondamentale de la digestion pour arriver dans un estomac qui va informer votre cerveau sur la quantité d'aliments à ingérer ; 3) s'arrêter aux premiers signaux de satiété, c'est-à-dire écouter son estomac ; 4) se faire plaisir en mangeant sans culpabilité ; 5) manger en petites quantités. Écoutez les signaux de votre corps, donnez-lui le bon carburant, sans dépasser la capacité de votre réservoir (votre estomac). S'il y a excès un jour, il doit être occasionnel et doit toujours être compensé. On appelle cela l'équilibre. Manger est un véritable plaisir, presque un art, mais n'en faites pas une habitude sans respect qui aurait des nuisances sur votre santé. "Notre corps est notre jardin et notre volonté en est le jardinier." William Shakespeare.*”

POUR ALLER PLUS LOIN

» Chaîne YouTube Nathalie Le Borgne avec Sylvie Coppin sur « L'alimentation pour booster son énergie ».

» Apprendre à lire les étiquettes des produits alimentaires : www.monassiette-maplanete.fr/etudier-les-emballages-pour-manger-equilibre/.

4. LA GRATITUDE POUR S'ÉMERVEILLER AU QUOTIDIEN

> *« En vous levant le matin,
> appréciez combien il est précieux de respirer,
> d'être en vie et d'être heureux. »*
>
> MARC AURÈLE

Nous vivons dans une société qui nous pousse à regarder ce que nous n'avons pas plutôt que ce que nous avons déjà. C'est pour cela que je préconise de s'émerveiller des petites choses du quotidien comme apprécier un coucher de soleil, un collègue qui vous apporte un café, partager un bon repas avec votre famille, l'appel d'un ami... Lorsque vous vous dites « je suis bien », « ça c'est sympa », « c'est beau », c'est que vous êtes dans l'émerveillement. La gratitude est donc ce sentiment de reconnaissance que nous éprouvons lorsque nous acceptons la saveur de ce que nous vivons et avons déjà, cela nous permet d'être plus alertes et plus vivants, d'apprécier davantage la vie.

La gratitude n'est pas une façon de croire que tout le monde est beau et gentil. Elle ne nous empêche pas de voir ou de vivre des difficultés. Ce n'est pas une baguette magique qui va effacer tous vos problèmes. Cependant, face à ces événements désagréables, la gratitude va vous permettre de passer les moments difficiles plus sereinement.

Le Dr Robert Emmons, professeur de psychologie à l'université de Californie à Davis, est un des leaders mondiaux d'experts scientifiques sur la gratitude. Dans un article du *Greater Good Magazine* : « How Gratitude Can Help You through Hard Times » (Comment la gratitude peut vous aider à surmonter les moments difficiles) en mai 2013, il nous enseigne que dans une situation de crise le plus à gagner est d'adopter une attitude reconnaissante à l'égard de la vie. Lorsqu'une catastrophe survient, il insiste sur le fait que la gratitude va nous permettre de voir la vie dans sa globalité au lieu de se laisser abattre par des circonstances temporaires.

Lorsque nous vivons des moments difficiles, nous prenons l'habitude de nous focaliser sur les choses qui ne vont pas. Il est d'autant plus important de pratiquer la gratitude pour contrebalancer le négatif. Vous pouvez vous montrer reconnaissant pour être en bonne santé, une famille qui vous aime, des amis présents... Les exemples de gratitude se cachent souvent dans les petites choses du quotidien pour lesquelles vous pouvez vous montrer reconnaissant.

Bénéfices de la gratitude

- Contribuer à améliorer la qualité de nos relations familiales, amicales et professionnelles
- Cultiver un sentiment général d'optimisme en nous aidant à nous concentrer sur les aspects positifs de la vie, même dans des situations difficiles
- Améliorer la santé mentale, créer une meilleure estime de soi
- Permettre une plus grande résilience face aux défis de la vie
- Renforcer la santé physique (un système immunitaire renforcé)
- Apprécier de mieux vivre le moment présent

Mon expérience

« Je pratique la gratitude depuis de nombreuses années. Au début, je faisais l'expérience de le dire à haute voix mais cela était moins impactant. J'oubliais ce que je disais et je n'arrivais pas toujours à trouver trois exemples de gratitude. Étant plus visuelle qu'auditive, je teste de noter dans un carnet ce pour quoi je suis reconnaissante dans ma journée. Cela me permet de faire le bilan de ma journée et d'ancrer les choses positives même s'il y a eu des événements désagréables. Un autre exercice que je recommande est d'écrire une lettre de gratitude à une personne qui a changé votre vie. Pour ma part, j'ai écrit une lettre à mon parrain qui était malade. Pour moi, c'était important de le remercier pour ce qu'il m'avait apporté, il m'a montré sa force à travers la maladie, son sourire et son humour. Je n'ai pas posté cette lettre, je décide de l'appeler le jour de son anniversaire pour lui lire ce que j'ai écrit. Je suis dans la démarche de ne rien attendre en retour. En écrivant cette lettre de remerciement à mon parrain, je suis surprise de voir à quel point cela me fait du bien de l'écrire et de le lui dire verbalement. À la fin de notre conversation il me dit merci et je ressens une émotion de joie

à l'intérieur de moi, un bien-être. Je conseille cet exercice, même s'il peut paraître difficile, vous grandirez de cette expérience.»

PRATIQUE DU JOUR : TENIR UN JOURNAL DE GRATITUDE

[5 MINUTES]

Cette pratique peut se faire soit le soir avant de se coucher, soit au réveil.

» Prenez un carnet et un stylo.

» Repensez à votre journée et notez la réponse à cette question : **pourquoi suis-je reconnaissant(e) aujourd'hui ?** Écrivez trois à cinq événements pour lesquels vous avez de la gratitude.

Exemples : un éclat de rire, un toit sur sa tête, être en bonne santé, un café partagé, un rayon de soleil, une personne qui m'a laissé passer devant elle à la caisse, un collègue qui m'a épaulé quand j'étais en galère, si vous êtes invité chez des amis ou la famille, pensez en rentrant à leur envoyer un texto pour les remercier...

Astuce : si votre journal de gratitude est la dernière chose que vous faites avant d'aller vous coucher, vous participez à l'amélioration de la profondeur et de la longueur de votre sommeil. Une étude menée par l'université de l'Oregon a montré qu'exprimer sa gratitude dans un journal a plus d'impact et nous rend plus altruistes[3].

3. Christina M. Karns, William E. Moore et Ulrich Mayr, « The Cultivation of Pure Altruism via Gratitude: a Functional MRI Study of Change with Gratitude Practice », *Frontiers in Human Neuroscience*, 2017, 11.

BONUS : PARTAGER VOS GRATITUDES FAMILIALES

Faites de la gratitude un rituel familial. Le soir, au lieu de demander aux membres de votre famille ce qu'ils ont fait de leur journée, demandez-leur plutôt de raconter ce qui leur a fait du bien, ce qui les a rendus heureux ou ce pour quoi ils voudraient dire merci.

POUR ALLER PLUS LOIN

Interview BVE sur la chaîne YouTube Nathalie Le Borgne avec Florence Servan-Schreiber, auteure du best-seller *Trois Kifs par jour*, sur « Comment pratiquer la gratitude ».

DÉFI 3 :
« CHOISIR SON CARBURANT »

Pour lancer et pérenniser ce ressourcement en vous, je vous propose un défi sur sept jours, entre cinq et dix minutes par jour pour commencer, puis augmentez en fonction du temps que vous avez.

Q1 : Quelle **pratique** avez-vous envie d'expérimenter dès demain ?

- ☐ S'exercer à la microsieste
- ☐ Boire un verre d'eau chaude
- ☐ Manger en conscience
- ☐ Tenir un journal de gratitude
- ☐ Partager vos gratitudes familiales

Q2 : À quel **moment de la journée** avez-vous envie de vous entraîner ?

- ☐ Au réveil
- ☐ Avant de commencer votre journée de travail
- ☐ Après le repas du midi
- ☐ Fin de journée après le travail
- ☐ Avant de dormir

Au jour 8, vous faites le bilan et vous répondez à ces questions :

» Quel est mon niveau d'énergie sur une échelle de 1 à 10 ? (1 : peu d'énergie ; 10 : maximum d'énergie.)

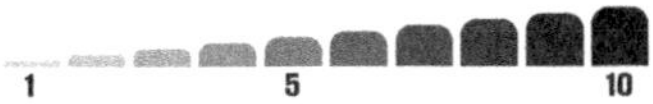

» Dans quelle émotion je me trouve après la pratique ?

1	2	3	4	5	6	7
Heureux	Enthousiaste	Satisfait	Important	Inquiet	En colère	Impuissant

» Célébrez en vous faisant plaisir car vous avez été jusqu'au bout du défi 3.

ÉTAPE 4

ACTIVER SON GPS

Maintenant que vous avez fait l'état des lieux de votre corps-esprit, que vous avez fait la révision et que vous avez choisi les bons carburants, vous avez fait le plein d'énergie pour passer à l'étape d'activer votre GPS.

On peut assimiler le GPS à votre petite voix intérieure, votre intuition et la radio de votre voiture, vos pensées, votre raison, la logique, vos croyances limitantes. La radio, c'est votre mental qui est tout le temps en activité, soit il est dans le passé avec les ruminations, soit dans le futur avec les projections sur l'avenir. Il va donc falloir baisser le son de votre radio pour ramener le calme à l'intérieur de vous afin d'être à l'écoute de votre radio intérieure. Dans la méthode BVE, Boostez votre énergie, je propose de mettre l'action sur le V : vibrer avec le cœur, et le E : écouter son intuition pour activer son GPS.

Dans cette quatrième étape, je vous invite à réfléchir à la destination que vous souhaitez mettre dans votre GPS pour ne pas vous perdre en route : 1) prendre le temps de trouver sa direction ; 2) écouter son intuition pour valider sa direction ; 3) booster sa confiance en soi pour réaliser ses projets ; 4) créer son environnement positif pour arriver en sécurité à sa destination.

À vous de définir votre direction sur le GPS avant de partir !

1. TROUVER SA DIRECTION

> « *Découvrir ce que vous voulez réellement vous épargnera un état de confusion permanente et une perte d'énergie.* »
>
> STUART WILDE

Vous manquez d'énergie, vous décidez de vous changer les idées et de partir en week-end. Mais vous ne savez pas vraiment où vous souhaitez aller, vous êtes indécis. Vous avez juste envie de soleil, vous ne faites pas de réservation d'hôtel, vous vous dites que vous en trouverez en chemin. Le matin au moment du départ, vous ne mettez pas de direction au GPS et vous vous dites « je prends la direction du sud ». Vous roulez pendant deux heures, il commence à y avoir des embouteillages car tout le monde a décidé d'aller vers le soleil pour le week-end. Vous commencez à vous énerver, à râler sur les automobilistes, puis au bout d'un certain temps vous en avez tellement marre que vous décidez de changer d'itinéraire, d'aller vers le nord même s'il fait moins beau mais il y a moins de monde sur la route. Vous arrivez à votre destination mais là vous êtes déçu car il pleut et vous vous dites « je serai bien mieux chez moi » et donc vous décidez de rentrer chez vous, frustré et en colère de ne pas avoir été jusqu'à votre destination finale et au soleil.

Trouver sa direction et garder son cap peuvent être plus ou moins difficiles pour certaines personnes. Parfois on a subi un choix de vie (métier, lieu de vie, vie familiale...). Vous ne trouvez plus de sens à ce que vous faites, vous prenez de moins en moins de plaisir au travail, vous avez l'impression de passer à côté de votre vie. Pour trouver sa direction, se donner un cap, il est important de découvrir le vrai moteur de sa vie, d'apprendre à se connaître en prenant le temps de faire une introspection, d'identifier ce qui nous met des étoiles dans les yeux lorsqu'on en parle, ce qui nous pousse à sortir du lit chaque matin.

Pour trouver sa direction, j'ai sélectionné la méthode « Ikigai » qui est un terme japonais, que l'on peut traduire par **« sa raison d'être »** en français. Cette philosophie de vie venue du Japon tire son origine de l'île d'Okinawa et permet de trouver le sens de sa propre existence. Les habitants de cette île sont connus mondialement pour leur mode de vie et leur grande longévité. L'île d'Okinawa est surnommée « l'île des centenaires ». Pour ces Japonais, trouver une bonne raison de se lever le matin, avoir une alimentation saine et s'astreindre à une activité physique par jour sont les clés de l'équilibre. En fait, connaître son Ikigai, c'est comme un moteur qui permet de trouver sa direction dans la vie pour qu'elle soit plus riche et un véritable épanouissement personnel.

Bénéfices de trouver sa direction

- Gagner du temps sur ce qu'on veut réaliser dans sa vie
- Aider à clarifier ses objectifs, définir ses envies, choix de vie
- Se focaliser sur ce qui est vraiment important dans sa vie
- Avoir une motivation et la garder
- Réduire l'anxiété et le stress
- Développer sa confiance en soi

Mon expérience

« Après douze ans à travailler dans les hôpitaux en tant que manipulatrice radio (un an en Bretagne, sept ans en Corse, un an à Mayotte, six mois en Guyane et deux ans et demi à Paris), j'ai pris plaisir à travailler, à faire de belles rencontres avec des personnes de cultures différentes. De retour à Paris, je travaille en intérim et je prends moins de plaisir à travailler à l'hôpital. J'ai fait le tour de ce que j'ai à apprendre dans le milieu hospitalier et je sais qu'il est temps pour moi de m'orienter vers autre chose. C'est un signe pour moi que c'est le moment de trouver une autre direction. Plus jeune, je souhaite être kinésithérapeute et le massage est toujours présent en moi. J'aime me faire masser dans les différents pays que je visite. Je prends un temps pour trouver ma nouvelle direction en me renseignant sur les différents massages où je peux me former. Le massage chinois est une évidence pour moi car il est préventif et thérapeutique. De plus, durant mon enfance je suis baignée dans la médecine chinoise par les cours de Do-In et de Qi Gong enseignés par mes parents. Un autre atout, je connais l'anatomie, les différents symptômes et causes des maladies, acquis lors de ma formation en manipulatrice radio.

Une nouvelle voie s'ouvre à moi. J'ai du plaisir à me former à la médecine traditionnelle chinoise avec le massage Tuina et à être thérapeute.»

PRATIQUE DU JOUR : TROUVER SON IKIGAI

Je vous invite à prendre un temps au calme pour vous poser et répondre aux questions suivantes avec honnêteté (n'hésitez pas à prendre plus de temps et vous pourrez y revenir pendant plusieurs jours pour affiner vos réponses, trouver son Ikigai est une démarche qui peut parfois être longue). Prenez une feuille blanche et un stylo et reproduisez le schéma, répondez aux questions :

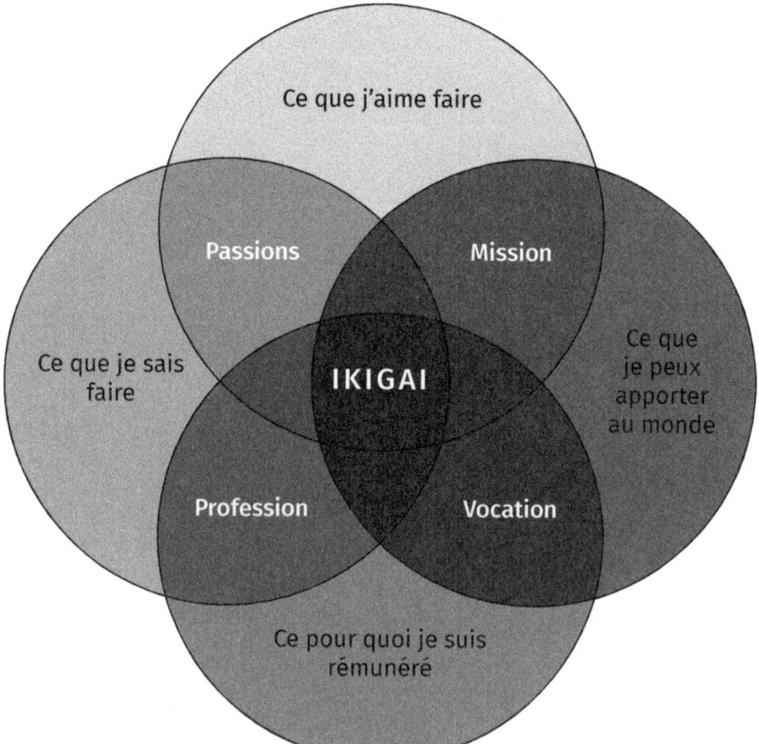

» **Ce que j'aime faire : vos passions,** listez tout ce que vous aimez faire dans la vie, ce qui vous met en joie. Quelles activités vous procurent véritablement de la joie ?

» **Ce que je sais faire : votre vocation profonde,** listez ce que vous savez bien faire, qu'apprenez-vous facilement ? Quelles sont les compétences dans lesquelles vous excellez assez naturellement ?

» **Ce que je peux apporter au monde : votre mission de vie,** listez les causes qui vous animent. Qui aimeriez-vous aider, comment et pourquoi ? Comment pouvez-vous contribuer, à votre échelle, à rendre la vie des autres meilleure ? Votre valeur ajoutée ?

» **Ce pour quoi je suis rémunéré : votre profession,** listez pourquoi on vous rémunère. Quelles sont les compétences et expériences professionnelles que vous avez pu développer ces dernières années ?

Après avoir répondu aux questions, à vous d'explorer votre propre Ikigai :

» Rassemblez les mots qui reviennent le plus souvent dans « ce que j'aime faire et ce que je sais faire », cela va définir **votre Passion**.

» Rassemblez les mots qui reviennent le plus souvent dans « ce que j'aime faire et ce que je peux apporter au monde », cela va définir **votre Mission**.

» Rassemblez les mots qui reviennent le plus souvent dans « ce que je sais faire et ce pour quoi je suis rémunéré », cela va définir **votre Profession**.

» Rassemblez les mots qui reviennent le plus souvent dans « ce pour quoi je suis rémunéré et ce que je peux apporter au monde », cela va définir **votre Vocation**.

Votre Ikigai se situe à l'intersection de ces quatre dimensions fondamentales de votre vie : votre passion, votre mission, votre profession et votre vocation.

Astuce : ressentez dans votre corps ce que cela vous procure de vous connecter à ce qui vous fait vibrer en réalisant votre Ikigai.

BONUS : SE FIXER DES OBJECTIFS SMART

[15 MINUTES]

La méthode SMART permet de définir clairement un objectif, d'avoir un plan d'action, une direction à suivre et un plan de motivation pour le réaliser. SMART est un acronyme dont chaque lettre correspond à un critère. **S : Spécifique ; M : Mesurable ; A : Atteignable ; R : Réaliste ; T : Temporel.**

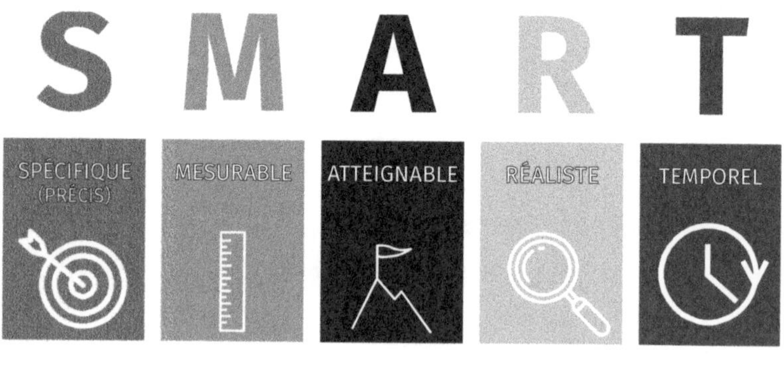

Choisissez un objectif.

» **Spécifique** à votre situation, personnalisez votre objectif, il doit être rédigé clairement et avec précision.

- **Mesurable**, établissez le seuil de réussite de votre objectif, qu'il soit quantifiable ou qualifiable. Évitez l'utilisation de superlatifs ou de comparatifs comme « le meilleur », « mieux que ».
- **Atteignable**, suffisamment ambitieux à relever, de sorte que vous soyez motivé à l'atteindre. Autrement, vous n'auriez pas besoin de vous fixer d'objectif.
- **Réaliste**, hors de portée, fort est à parier que vous finirez par vous décourager et abandonnerez votre objectif en cours de route s'il n'est pas réaliste.
- **Temporel**, établissez une limite temporelle claire à votre objectif. Par exemple, mieux vaut se fixer un objectif à atteindre « d'ici deux mois » que « le plus rapidement possible ».

POUR ALLER PLUS LOIN

Interview sur la chaîne YouTube Nathalie Le Borgne avec Nicolas Proupain, docteur en chiropractie, auteur, formateur, sur « Trouver sa raison d'être ».

2. ÉCOUTER SON INTUITION

> *« C'est avec la logique que nous prouvons, et avec l'intuition que nous trouvons. »*
>
> Henri Poincaré

Je définis l'intuition comme cette capacité universelle que tout le monde a en soi à capter une information sans passer par la raison mais par ses sens intériorisés, son ressenti. Il semble que cette « forme de connaissance immédiate de la vérité sans recourir au raisonnement » (définition du *Petit Robert*) soit bien réelle et incarnée, transitant par nos sens, lesquels sont sollicités d'une manière intériorisée. On dit souvent que l'intuition, c'est notre sixième sens. C'est quelque chose de subtil, très rapide, un flash, une fraction de seconde pour attraper une information.

Lors des ateliers que j'anime en Bretagne, je me suis rendu compte que l'on était tous différents face à l'intuition. Pour certains l'intuition se manifeste par notre sens auditif intériorisé, c'est la fameuse « petite voix », mais aussi par notre sens visuel avec des images intérieures et par notre sens kinesthésique (ressenti corporel), indiquant ce que l'on ressent à l'intérieur de son corps. Les ressentis corporels « intuitifs » sont vastes et dépendent de chacun : frissons, chaleur, tensions, papillons dans le ventre, fourmillement dans le corps, pression sur la cage thoracique. En effet, par le corps, l'intuition alerte sur un événement à venir, confirme, freine ou valide une décision que nous venons de prendre ou que nous allons prendre. L'intuition peut se manifester de différentes façons dans le corps. Vous allez trouver votre façon d'écouter votre intuition pour savoir la direction à suivre ou non. Vous pouvez avoir les trois sens (ouïe, vue et toucher) qui fonctionnent selon des situations que vous vivez. C'est comme apprendre une nouvelle langue, cela prend du temps, c'est un apprentissage et vous aurez vos propres codes grâce à vos expériences et à l'entraînement. Dans la thèse de Claire Petitmengin[1] : « L'expérience intuitive », l'intuition du corps nous fait dire « je le sens ou je le ressens » et c'est l'intuition cognitive qui se manifestera par l'affirmation « je sais », ou encore « je ne peux pas l'expliquer mais je sais ».

Comment se caractérisent un oui et un non dans le corps ?

OUI	**NON**
Ouverture au niveau de la poitrine	Contraction des membres
Sensation de chaleur dans le corps	Sensation de froid dans le corps, frisson
Position du corps en avant	Position du corps en arrière
Détente dans le corps	Crispation du corps, boule au ventre
Visage souriant, détendu	Visage fermé, mâchoire crispée

Lors d'un échange sur l'intuition avec Olivier Clerc, auteur, formateur, conférencier, il me confie : « J'ai la chance d'être venu au monde avec une très bonne intuition. Par exemple, j'ai toujours eu, plusieurs mois à l'avance, l'intuition des grands changements qui ont ponctué ma vie : je savais intuitivement qu'au-delà de telle date, mon existence allait radicalement changer, sans toutefois connaître la forme que cela prendrait. L'intuition m'a

1. Source : https://clairepetitmengin.fr/AArticles%20versions%20finales/francisco24juin.pdf.

aussi beaucoup guidé dans mes relations, m'indiquant par des signaux physiques (ouverture ou blocage du plexus solaire) les personnes auxquelles faire confiance ou non. *A contrario*, les rares fois où je n'ai pas tenu compte d'une intuition, en préférant miser sur une évaluation rationnelle de tel choix que la vie me présentait, je l'ai cher payé : accident, mésaventures diverses, mésalliance professionnelle, etc. »

L'intuition vous permet d'aller plus vite dans la prise de décision en lâchant prise sur le mental, en faisant confiance à quelque chose qui est hors de votre portée. Peu à peu, on arrive avec plus de fluidité et de facilité à prendre les décisions en accord avec soi et à oser prendre une direction inconnue.

Bénéfices d'écouter son intuition

Avoir recours à son intuition peut avoir de nombreux bienfaits dans divers aspects de sa vie. Voici quelques-uns de ces bienfaits :

- Prendre de bonnes décisions
- Renforcer la confiance en soi
- Être dans le moment présent
- Apprendre à se connaître

Mon expérience

« Lors d'un voyage en Inde en 2010, avec un ami, on choisit d'aller à Darjeeling, quarante-huit heures de train depuis Chennai. C'est très long mais moins cher que l'avion. On décide de faire une pause au bout de vingt-quatre heures pour visiter un musée.

Il faut prendre un bus qui a du retard. On arrive dans un petit village, il est 17 h 50 et le musée ferme à 18 heures. Les aléas des transports en Inde. On veut reprendre le bus mais il n'y a plus de bus et pas d'hôtel également. On se pose sur la place du village. Des personnes nous approchent, on leur explique la situation et elles nous proposent d'aller dormir chez elles. Elles nous montrent la chambre, c'est sombre et mon corps a des micromouvements vers l'arrière, boule au ventre. Je ne me sens pas bien. J'en fais part à mon ami qui me fait confiance et sait que j'ai de l'intuition. On va remercier nos hôtes et ne pas accepter. Ils comprennent. Je me sens mal à l'aise d'avoir refusé car on n'a pas de lieu pour dormir mais c'est impossible, je sais que mon corps ne me ment pas. Je lui fais confiance. De retour sur la place du village, on attend trente minutes, on cherche une autre solution, il fait nuit. Plusieurs personnes viennent à nous et nous proposent un nouveau lieu. Une procession se forme pour y aller. C'est bizarre, on suit le mouvement. On arrive et le propriétaire des lieux nous accueille et nous dit : "Il vient de se passer un miracle, il n'y a pas d'électricité dans la maison, vous arrivez et l'électricité vient de revenir." Une joie et la magie du moment nous envahissent. On passe une superbe soirée avec le propriétaire sur la terrasse du toit à discuter et à regarder les étoiles. On ira dormir dans une grange à côté de leur maison. On prend des photos avec la famille. On rencontre à nouveau le propriétaire à Calcutta quelques semaines plus tard et on lui offre les photos encadrées prises lors de la soirée. On est tous ravis de cette belle rencontre.»

[5 MINUTES]

PRATIQUE DU JOUR : ÊTRE À L'ÉCOUTE DE SON INTUITION[2]

Écouter son intuition pour prendre une décision, une direction à suivre. Pour commencer, entraînez-vous avec des décisions à faible enjeu. Dans cet exercice, vous allez écouter votre ressenti corporel.

» Installez-vous confortablement, respirez plusieurs fois à votre rythme pour faire le calme à l'intérieur de vous.

» Posez-vous une question simple qui donnera une réponse : oui ou non.

Exemples : est-ce que je mets ce pull rouge ou ce pull jaune aujourd'hui ? Est-ce que j'achète ce livre ou j'attends mon anniversaire pour me l'offrir ? Est-ce que j'appelle telle personne maintenant ou j'attends qu'elle m'appelle ?

» Dites la première option et ressentez ce qui se passe dans votre corps. Un « oui » peut s'exprimer par une ouverture au niveau de la poitrine, sensation de chaleur, corps vers l'avant. Alors qu'un « non », ce sera plus une contraction des membres, une sensation de froid, une boule au ventre, la gorge nouée, le corps qui va en arrière.

» Faites la même chose avec la deuxième option.

L'important dans l'exercice c'est d'aller vite pour ne pas laisser votre mental prendre le dessus. Il se peut que ce ne soit pas très probant, c'est que peut-être il y a une troisième option que vous n'avez pas mentionnée. L'important est de s'amuser et de s'entraîner avec votre ressenti.

---

2. Inspiré du livre de Natacha Calestrémé, *Trouver ma place*, Albin Michel, 2021, p. 339.

Astuce : les vacances sont un bon moment pour s'entraîner avec votre intuition car vous êtes plus dans le moment présent si vous n'avez pas tout planifié à l'avance.

BONUS : CRÉER SA ROUTINE INTUITIVE

Les bonnes pratiques de l'intuition

- Croyez en votre intuition
- Méditez
- Soyez dans le moment présent
- Passez du temps seul
- Bougez votre corps
- Écoutez votre corps
- Utilisez vos sens
- Émerveillez-vous
- Sortez des sentiers battus
- Osez vous tromper
- Amusez-vous
- Écrivez vos intuitions

Cultiver l'intuition implique d'apprendre à faire confiance à ses ressentis internes, à prendre du temps pour soi et à être attentif aux signaux subtils de notre environnement. Je vous propose de créer une routine pour affiner votre intuition pour répondre à une question que vous vous posez.

» **Avoir des moments seuls** (exemples : marche dans la nature, méditation...).

» **Écouter les signes extérieurs** avec les synchronicités par rapport à une question. Un panneau publicitaire, un film, une chanson, un livre que vous lisez peuvent vous donner des réponses.

- **Écouter vos intuitions au réveil[3] :** lors de la phase de réveil matinal, le cerveau est à la fois actif et coupé des interférences du monde extérieur. C'est le moment idéal pour laisser émerger les idées intuitives. Posez-vous une question avant de dormir et le matin au réveil lorsque vous êtes encore dans un demi-sommeil, prenez un temps pour être attentif aux informations, idées qui surviennent spontanément sans les juger.
- **Noter vos intuitions dans votre cahier :** prenez le temps d'écrire tout ce qui vient, sans vous juger, sans rien retenir, sans chercher à écrire dans un français impeccable.

Témoignage de Laurent Gounelle, écrivain de nombreux romans best-sellers dont Intuitio

« *Tout le monde a de l'intuition, c'est naturel. N'ayez pas peur, détendez-vous et laissez venir, c'est en vous. La plupart des gens croient que l'intuition naît dans la tête, dans le cerveau. En fait, elle se manifeste dans le corps avant de remonter à l'esprit, puis de surgir dans notre conscience. Je pense que le cerveau est le pire ennemi de l'intuition parce qu'il nous pousse à interpréter la moindre information captée intuitivement au lieu de nous laisser en position d'accueil dans le simple but de la recevoir. C'est le drame de l'être humain : nous avons un tel besoin de comprendre que l'on passe notre temps à tout interpréter dès qu'on manque d'informations ! La plupart de nos conflits relationnels viennent de là... Pour bien utiliser l'intuition, on gagne à mettre notre mental sur pause, à rester longtemps en mode réception*

3. Isabelle Fontaine, « Développez votre sixième sens grâce aux intuitions matinales », https://histoiredintuition.com/2022/02/27/apprenez-a-capter-vos-intuitions-matinales/.

avant de passer à l'interprétation et à se demander quoi faire des éléments captés. Et puisque l'intuition se manifeste dans le corps, il est intéressant de retrouver le contact avec son corps si on l'a un peu perdu, dans le cas où nos journées sont consacrées à des activités intellectuelles par exemple. Je pratique depuis quelques années la méditation de pleine conscience, qui m'aide à mettre l'attention à l'intérieur de mon corps. D'autres préféreront pratiquer un sport ou même danser. Ma rencontre avec Alexis Champion a été déterminante car il m'a initié au remote viewing *et j'ai ainsi appris à utiliser l'intuition sur commande pour capter les informations qui m'intéressent. Il m'a aussi montré que j'utilisais depuis toujours mon intuition pour écrire mes romans. Aujourd'hui, celle-ci me sert aussi au quotidien pour prendre des décisions. Avant, je m'efforçais de décider de façon cartésienne, sur la base de critères pondérés, hiérarchisés. Maintenant, quand j'ai une décision à prendre, je me demande « Comment je le sens ? ». Si plusieurs options s'offrent à moi, je vais me poser cette question pour chacune d'elles, et j'écoute mes ressentis. C'est plus simple, et surtout plus efficace !* »

POUR ALLER PLUS LOIN

Sommet de l'intuition en 2021 avec huit experts de l'intuition sur la chaîne YouTube Nathalie Le Borgne.

3. BOOSTER SA CONFIANCE EN SOI

> « *Avoir la foi, c'est monter la première marche, même si on ne voit pas tout l'escalier.* »
>
> MARTIN LUTHER KING

Pour moi, la confiance en soi, c'est apprendre à se connaître, croire en son potentiel et ses capacités. C'est avoir foi en soi et, peu importe la situation, trouver les ressources en soi pour réaliser ses projets. C'est un état interne qui repose sur l'acceptation, l'estime et l'affirmation de soi. C'est cette capacité à passer à l'action pour obtenir ce qui est important pour vous. Les baisses de moral sont inévitables et arrivent forcément à un moment ou à un autre. Le mot d'ordre : la bienveillance ! Soyez indulgent et bienveillant envers vous-même. Accordez-vous le droit de ne pas être au top vingt-quatre heures sur vingt-quatre.

Vous allez augmenter votre confiance en vous à partir de petites expériences qui permettent de maîtriser votre état d'esprit. Pour développer votre confiance et réaliser un projet, j'aime dire que tout part d'une décision, d'un engagement avec soi-même. Dans un premier temps vous n'avez pas besoin de savoir « comment » vous allez réaliser votre objectif, car les doutes et le découragement peuvent arriver mais vous allez chercher ce « pourquoi fort » qui vous anime, qui vous donne de la motivation lorsque vous en parlez.

Lorsque vous avez identifié votre pourquoi fort, je vous invite à rester focalisé et à oser aller jusqu'au bout pour ne pas avoir de regrets. Lorsque j'ai confiance en moi, je mets des actions en place, les portes s'ouvrent et les opportunités se présentent car j'ai mon pourquoi fort à l'intérieur de moi qui m'anime.

Bénéfices de booster sa confiance en soi

- Apprendre à mieux se connaître, comprendre ses valeurs, ses désirs et ses limites
- Renforcer son autonomie et sa capacité à prendre des décisions qui correspondent à ses besoins
- Atteindre ses objectifs
- Développer une plus grande résilience face aux difficultés et aux échecs

Mon expérience

« Lorsque j'arrive travailler à l'hôpital de Bastia en février 2000, je ne connais personne. Je viens pour un remplacement de maternité de quatre mois. Mon collègue Jean Louis me propose de venir assister à un cours d'improvisation théâtrale qu'il anime. J'en ai vaguement entendu parler et j'accepte son invitation. Arrivée à la séance le jour J, je me dis que je vais regarder mais Jean Louis me dit de venir sur scène pour pratiquer avec le groupe. Jean Louis et le groupe me mettent en confiance tout de suite, moi qui rougis, avec les mains moites et des palpitations lorsque je prends la parole en public. Les cours me permettent d'apprendre

à me faire confiance, à me connaître, à libérer mes émotions grâce aux exercices d'échauffement avec les personnages que l'on joue comme la tristesse, la colère, la surprise ou la joie. Les fous rires sont au rendez-vous chaque semaine. À mon grand étonnement, je fais des spectacles d'improvisation régulièrement. Moi qui suis timide, je n'aurai jamais imaginé faire du théâtre d'improvisation pendant six ans. Cette expérience m'a aidée à booster ma confiance en moi me permettant d'être plus à l'aise dans la prise de parole et d'être plus sûre de moi. J'y repense quand j'anime des conférences devant plus de deux cents personnes et des ateliers pour les entreprises et les individuels.»

PRATIQUE DU JOUR : CRÉER SON BLASON

[15 MINUTES]

Le blason est un outil de développement personnel. Il a pour objectif d'améliorer la connaissance de soi, de comprendre ses valeurs, ses désirs et ses limites. Créer votre « blason » va vous permettre de renforcer votre identité, de mettre des mots sur qui vous êtes, d'identifier vos désirs, vos limites.

» Installez-vous dans un lieu au calme.

» Prenez une feuille blanche, reproduisez le blason ci-dessous et remplissez les cases.

Le blason

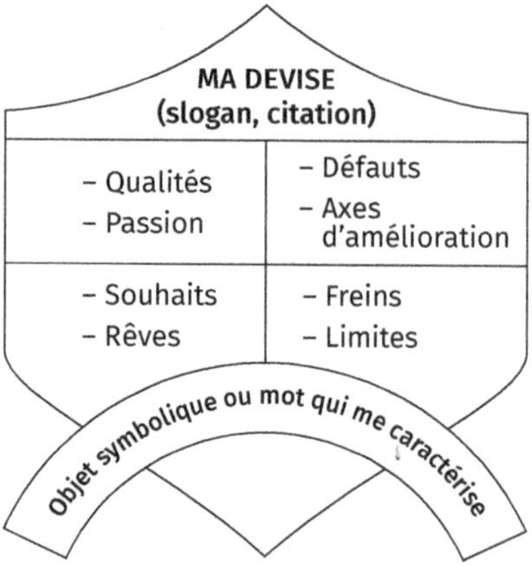

» Identifiez un objet symbolique ou un mot qui vous caractérise.

» Nommez vos freins, limites (peur de l'échec, peur de rougir en public...).

» Écrivez vos souhaits (vos rêves...).

- Notez vos défauts (impatient, autoritaire...) et vos axes d'amélioration.
- Écrivez vos qualités (adaptable, dynamique, ambitieux, créatif...) et vos passions.
- Inscrivez votre devise (slogan qui vous motive dans la vie, une citation ou une affirmation).

Lorsqu'il est fini, vous pouvez encadrer votre blason et l'accrocher à un endroit où vous le verrez souvent ou le prendre en photo sur votre téléphone.

Astuce : si vous avez du mal à identifier vos défauts et qualités, demandez à une personne qui vous connaît bien de les énumérer.

BONUS : IDENTIFIER SES VALEURS

Pour apprendre à mieux vous connaître, choisissez trois valeurs parmi la liste ci-dessous. Ces valeurs vous permettront de vous connecter à vous et de renforcer votre identité. Cela vous permettra de faire des choix en accord avec qui vous êtes vraiment.

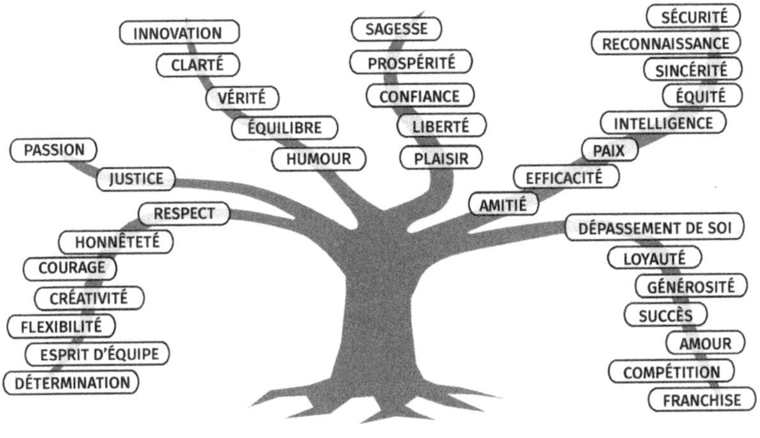

Témoignage de Nicolas Raimbault, PhD mindset concret et leadership pratique

« Lorsque j'ai suivi l'Executive MBA d'HEC, voici le slogan que j'y ai découvert : "Apprendre à oser." Je vois toute la puissance dans ces mots. J'ai développé une nouvelle vision : les problèmes ne sont que des opportunités pour y faire face avec des actions imparfaites au quotidien. J'ai développé cette sérénité incarnée, une paix intérieure quoi qu'il se passe. Même si j'ai un non, c'est OK ! Ma paix et mon bonheur ne dépendent que de moi et pas de mon environnement. J'applique les secrets des sportifs de haut niveau dans les plus grands challenges des personnes que j'accompagne. Le plus beau cadeau que chacun peut se faire c'est de décider de sa vie, de s'engager dans ce qui le passionne. C'est plus facile lorsque l'on enlève les barrières mentales de construire sa vie autour de choses qui nous inspirent et nous passionnent et c'est plus facile que l'on croit. On va rayonner, le faire à tout notre entourage, il faut vraiment foncer. »

POUR ALLER PLUS LOIN

Interview sur la chaîne YouTube Nathalie Le Borgne avec Kim Bennour, « Mentoring transformationnel pour dirigeants », qui nous explique l'exercice VSC avec la posture du corps : le V pour victoire avec les bras levés au ciel en forme de V ; S pour sérénité, bras croisés derrière la tête ; C pour confiance, mains sur les hanches et pieds à plat au sol. (Regardez l'extrait à quatre minutes.)

4. SE CRÉER UN ENVIRONNEMENT POSITIF

> « *Seul on va vite, à plusieurs on va plus loin.* »
>
> PROVERBE AFRICAIN

L'épigénétique est une des révolutions scientifiques de ces vingt-cinq dernières années. Joel de Rosnay, docteur en sciences, auteur de *La Symphonie du vivant*, nous explique que la personne que l'on est est influencée directement 1) par ce que l'on mange, 2) si on a une activité physique ou non, 3) comment on arrive à gérer son stress, 4) est-ce que l'on a du plaisir à faire ce que l'on fait et 5) si nous avons une harmonie dans notre réseau social, familial et professionnel. Ce sont ces cinq éléments combinés qui vont sécréter des produits dans le corps, se fixer sur le noyau de l'ADN et activer ou inhiber son impression.

L'adage selon lequel « on est la moyenne des cinq personnes que l'on côtoie le plus » est souvent attribué à Jim Rohn, un conférencier et écrivain américain spécialisé dans le développement personnel. Cette idée est souvent utilisée pour souligner l'importance de notre environnement social et de l'influence qu'il peut avoir sur nos attitudes, nos croyances et nos comportements.

Pour Ariane Giacobino, médecin généticienne, spécialiste de l'épigénétique et auteure de *Peut-on se libérer de ses gènes ?*, l'hygiène de vie, l'environnement familial et social, le stress ou l'absence de stress, l'exposition ou non à des polluants... ont une incidence sur l'expression de nos gènes. Contrairement à ce que nous pensions, notre patrimoine génétique n'est donc pas le seul responsable de tous nos maux puisque l'activité de nos gènes peut être affectée par des facteurs extérieurs. Cela change tout car si on ne peut pas modifier notre ADN, en revanche, nous pouvons intervenir sur nos comportements, sur notre mode de vie, sur notre façon d'être. Nous pouvons ainsi considérer que tout n'est pas programmé génétiquement. Chacun peut donc agir sur son comportement pour mieux vivre en harmonie au quotidien.

Dans le même sens, le Dr Martine Depondt-Gadet, médecin généraliste et enseignante de Qi Gong, nous dit que « nous ne sommes pas esclaves de notre patrimoine génétique ». Il est donc important de choisir soigneusement nos cercles sociaux et de passer du temps avec des personnes positives, motivées qui nous soutiennent, nous inspirent et nous encouragent à devenir la meilleure version de nous-mêmes. Cela ne signifie pas nécessairement abandonner complètement les amis ou la famille qui peuvent avoir des perspectives différentes, qui sont pessimistes ou peu ambitieux mais plutôt trouver un équilibre qui favorise notre croissance personnelle et notre bien-être.

Pour Mino Rakotozandriny, conférencière et auteure du livre *Je cultive le minimalisme* : « Notre entourage joue un rôle important dans notre bien-être et notre énergie au quotidien. Chaque interaction et chaque relation que nous entretenons envoie constamment des messages à notre esprit, influençant ainsi notre état émotionnel et mental. C'est pourquoi il est essentiel de prendre du recul par rapport à l'environnement relationnel dans lequel nous évoluons chaque jour. Sommes-nous entourés de personnes qui nous soutiennent dans nos projets, ou bien sommes-nous confrontés à des critiques constantes à chaque pas que nous faisons ? Avons-nous des confidents qui nous écoutent avec bienveillance, ou sommes-nous principalement entourés de personnes qui déversent leur malheur sur nous ? Nous entourons-nous de ceux qui nous montrent leur amour et leur soutien ou bien tolérons-nous des relations qui nous font nous sentir méprisés, manipulés, humiliés ? »

Bénéfices de se créer un environnement positif

- Développer des relations enrichissantes
- Contribuer à un bien-être émotionnel stable
- S'entourer de personnes bienveillantes
- Encourager à poursuivre ses objectifs
- Être soutenu dans ses projets

Mon expérience

“*J'aime interviewer les personnes qui m'inspirent. Pour cela, j'ai créé ma chaîne YouTube en 2018 pour partager mes interviews avec un plus grand nombre. J'ai interviewé plus de cent personnes. Ces personnes qui m'inspirent peuvent être des personnes connues, mais j'aime également mettre en lumière des personnes moins connues mais qui ont un message fort à partager. Pour préparer les interviews, je lis leurs biographies, leurs livres et je fais des recherches sur Internet pour apprendre à mieux connaître les personnes que j'interviewe. J'essaye de trouver des points communs entre eux et moi pour commencer l'interview. Cela me permet de créer un lien au début de l'échange. Dans mes interviews, j'aime interroger les personnes sur leur parcours, leurs histoires, leurs réussites mais aussi sur les difficultés qu'elles rencontrent et savoir comment elles rebondissent. J'aime finir mes interviews en demandant aux personnes leurs astuces pour booster leur énergie. Ce sont des clés qui peuvent aider ma communauté sur YouTube à réfléchir sur elle-même et à être inspirée dans son cheminement personnel. Faire ces interviews me permet de m'entourer de personnes qui me font croître personnellement. Je ressors à chaque fois boostée de ces échanges inspirants.*»

PRATIQUE DU JOUR : [15 MINUTES]
SE RAPPROCHER D'UNE PERSONNE INSPIRANTE

» Identifiez une personne inspirante dans votre entourage ou une personne célèbre, un chef d'entreprise, etc., qui vous apporte de l'énergie positive, qui a fait le chemin que vous souhaitez réaliser.

» Choisissez parmi la liste ci-dessous des activités pour vous rapprocher de cette personne.

- Lire leur biographie.
- Écouter des interviews, des podcasts.
- Suivre cette personne sur les réseaux sociaux (LinkedIn, Instagram...).

Astuce : si c'est possible, essayez de rencontrer cette personne inspirante (exemple lors d'une conférence, d'un spectacle, d'une formation...) pour avoir des clés pour votre propre chemin. Ici, je ne vous dis pas de copier ce que la personne inspirante a réalisé, gardez votre singularité et imprégnez-vous de ce qui résonne en vous.

Témoignage de Mino Rakotozandriny, conférencière et auteure

“*Parfois, nous investissons notre temps et notre énergie à nous occuper des relations difficiles en espérant que les personnes qui nous aiment et que nous délaissons durant cette situation nous comprendront. Mais ne seraient-ce pas elles qui méritent le plus notre attention ? Une touche de minimalisme peut s'avérer ici précieuse : et si nous gardions uniquement les relations qui ont un véritable sens pour nous afin d'avoir un environnement relationnel positif ? Nous le ressentons après chaque échange : soit les interactions nous donnent de l'énergie, nous élèvent, nous inspirent, nous renforcent, soit les interactions épuisent notre énergie existante, nous fatiguent, nous frustrent, nous découragent. En choisissant consciemment et avec soin les personnes qui nous entourent, nous pouvons construire un environnement propice à notre mieux-être émotionnel. Cependant, une relation enrichissante ne se limite pas à recevoir de l'amour et du soutien. Il s'agit également de donner et de contribuer au bien-être des autres. Les relations dans lesquelles nous pouvons offrir notre aide, où nous nous sentons utiles et appréciés contribuent à notre bien-être. À nous donc de faire le tri parmi nos relations en fonction de l'énergie que nous en obtenons : "Comment nous sentons-nous après chaque discussion avec une personne donnée ?" À nous également d'entretenir les relations qui comptent pour nous. Apprenons à exprimer nos limites de manière non violente, et posons une fondation de respect mutuel dans nos relations. Créons un environnement où chacun puisse se sentir en sécurité en étant vraiment soi-même, et avoir la possibilité de s'exprimer et de partager ses idées sans peur de jugement. C'est dans cet environnement de soutien réciproque que nous pouvons véritablement nous épanouir. Plus nous avons un environnement soutenant, plus nous avançons, et plus nous pouvons contribuer dans notre entourage, propageant ainsi un mouvement d'onde positive dans notre communauté, qui se répercutera sur les actions des autres.*”

POUR ALLER PLUS LOIN

- Interview sur la chaîne YouTube Nathalie Le Borgne avec Sophie Lacoste, journaliste, auteure, rédactrice en chef du magazine *Rebelle santé*, sur « Comment vivre en harmonie avec son environnement ».
- Interview sur la chaîne YouTube Nathalie Le Borgne avec le Dr Martine Depondt-Gadet, médecin généraliste et enseignante de Qi Gong, sur « Médecine chinoise et épigénétique ».

DÉFI 4 :
« ACTIVER SON GPS »

Pour lancer et pérenniser ce ressourcement en vous, je vous propose un défi sur sept jours, entre cinq et quinze minutes par jour pour commencer, puis augmentez en fonction du temps que vous avez.

Q1 : Quelle **pratique** avez-vous envie d'expérimenter ?

- ☐ Trouver son Ikigai
- ☐ Se fixer des objectifs SMART
- ☐ Être à l'écoute de son intuition
- ☐ Créer sa routine intuitive
- ☐ Créer son blason
- ☐ Identifier ses valeurs
- ☐ Se rapprocher d'une personne inspirante

Q2 : À quel **moment de la journée** avez-vous envie de vous entraîner ?

- ☐ Au réveil
- ☐ Avant de commencer votre journée
- ☐ Après le repas du midi
- ☐ Fin de journée
- ☐ Avant de dormir

Au jour 8, vous faites le bilan et vous répondez à ces questions :

» Quel est mon niveau d'énergie sur une échelle de 1 à 10 ? (1 : peu d'énergie ; 10 : maximum d'énergie.)

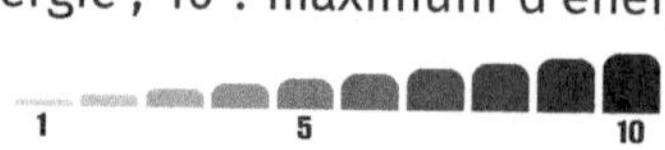

» Dans quelle émotion je me trouve après la pratique ?

» Célébrez en vous faisant plaisir car vous avez été jusqu'au bout du défi 4.

ÉTAPE 5

PILOTER SA VIE

Vous êtes aux commandes du véhicule que vous avez choisi. Vous avez la clé de votre voiture pour démarrer. Vous êtes au volant de votre voiture, c'est le moment de régler le siège, le rétroviseur et de vérifier si votre pare-brise est bien propre pour avoir une bonne visibilité sur votre trajet. Maintenant, à vous de démarrer votre voiture et d'enclencher la première vitesse. Sur le trajet, vous pourrez accélérer ou freiner en fonction de la circulation. N'oubliez pas de faire des pauses sur les aires de repos pour vous ressourcer.

C'est la même chose avec vous, maintenant vous avez les clés en main pour avancer, vous réalisez et vivez la vie que vous souhaitez. Sur votre chemin de vie, restez alerte, concentrez-vous sur votre destination. Vous avez expérimenté les pratiques du jour afin d'être dans les meilleures conditions pour conduire votre véhicule et être libre d'aller où bon vous semble.

Dans cette cinquième étape, je vous propose de piloter votre vie avec : 1) oser l'optimisme ; 2) rêver grand ; 3) passer à l'action. L'optimisme est un prérequis pour rêver grand et passer à l'action.

Prêt à piloter votre vie !

1. OSER L'OPTIMISME

> *« Un pessimiste voit la difficulté dans chaque opportunité, un optimiste voit l'opportunité dans chaque difficulté. »*
>
> WINSTON CHURCHILL

C'est à partir des années 1990 que les mécanismes de l'optimisme sont étudiés en neurosciences. Dans l'hémisphère gauche s'inscrivent les émotions positives comme la joie, la surprise. Quant à l'hémisphère droit, il traite les émotions négatives telles que la tristesse, la peur ou les ruminations. Une nouvelle spécialité médicale fait son apparition : « la psychoneuro-endocrino-immunologie », dédiée aux relations corps-esprit. En 1998, le professeur de l'université de Pennsylvanie Martin Seligman et d'autres chercheurs lancent une nouvelle discipline psychologique consacrée aux aspects positifs de l'existence, nommée « la psychologie positive ». Son principe intègre le fait qu'il ne faut pas se gâcher la vie à ressasser les problèmes, mais plutôt chercher à l'égayer en recherchant les bons côtés des choses.

Denis Morissette[1] fait la différence entre un optimiste et un pessimiste ainsi : « Un optimiste est une personne qui possède une attitude positive devant les événements de la vie. Un pessimiste est une personne qui possède une attitude négative devant les mêmes événements de la vie. » Pour lui tout est une question d'attitude. Les personnes positives vivent des

1. Source : http://denismorissette.com/etes-vous-optimiste-ou-pessimiste/.

déceptions, voient la vie comme une aventure stimulante, une succession de défis à relever qui met à profit leurs capacités, au lieu de se laisser abattre, elles combattent. Dans le même sens, Nelson Mandela nous dit : « Je suis fondamentalement optimiste. Que cela vienne de ma nature ou de mes expériences, je ne peux pas le dire. Être optimiste, c'est garder sa tête pointée vers le soleil, les pieds vers l'avant. Il y a eu beaucoup de moments sombres où ma foi en l'humanité a été mise à rude épreuve, mais je ne voulais pas et ne pouvais pas me laisser aller au désespoir. Dans le désespoir résident la défaite et la mort. »

Dans le podcast « Combien nous fasse » sur France Inter le 1er janvier 2024, Philippe Gabilliet, Florence Servan-Schreiber et Christophe André échangent sur les bienfaits de l'optimisme sur la santé et donnent leurs définitions de l'optimisme. Pour Philippe Gabilliet, docteur en sciences de gestion, consultant en management et auteur d'*Éloge de l'optimisme* : « L'optimisme reste encore aujourd'hui une énergie plutôt orientée sur la confiance, la mise en action des autres, l'envie, le désir et le pessimisme est une très belle énergie de régulation, d'alerte. » S'il devait définir l'optimisme : « Ce serait de prendre la réalité telle qu'elle est, en la mettant sous la tension la plus positive possible. La question fondamentale de l'optimisme, c'est la question de l'optimisation. Quand il m'arrive des choses terribles, la vraie question c'est : qu'est-ce que je vais pouvoir essayer d'en faire ? » Philippe Gabilliet prend également l'exemple du bébé qui apprend à marcher et nous dit : « Combien de fois un bébé tombe avant de marcher, un millier de fois, il se relève à chaque fois, il ne se pose pas la question "j'essaye cent fois et après je reste au sol, je suis pessimiste". Il y retourne et un jour comme par magie il fera ses premiers pas car il n'est pas seul, il est rassuré, accompagné. » Pour vous, c'est la même chose, ayez foi en vous pour vous relever d'une situation désagréable et entourez-vous des personnes qui vous soutiennent dans vos projets. Faites preuve d'humilité, de lucidité, échangez et demandez l'avis de personnes de confiance.

Pour Florence Servan-Schreiber, auteure du best-seller *Trois Kifs par jour*, elle voit dans l'optimisme « la possibilité de rassembler son courage pour se remettre en selle en dépit des revers et des échecs rencontrés dans l'existence ». Son portrait-robot de l'optimiste serait : « Si quelque chose se passe bien, je vais généraliser en disant c'est super, ça se passe bien. Mais si à l'inverse, cela ne se passe pas bien, je vais chercher dans ce qui s'est produit ce qui s'est quand même bien passé et ça me permettra de retourner au combat parce que sinon, c'est totalement désespérant de se dire que les choses sont incontrôlables et que je ne vais pas pouvoir les dominer. »

Pour Christophe André, psychiatre, il explique qu'il a été démontré en médecine que les pessimistes se soignaient moins bien que les optimistes, précisément parce que ce qui caractérise l'optimiste, c'est son engagement dans l'action : « Les optimistes voient les problèmes, cherchent les solutions et ils s'engagent dans l'action pour que cette solution advienne. Par exemple, si j'apprends que j'ai une maladie et que je suis optimiste, je vais m'engager dans des modifications : de mon style de vie, dans le traitement, dans le dialogue avec les médecins. Si je suis pessimiste, je vais me laisser aller et je vais peut-être faire moins d'efforts. »

La Ligue des optimistes de France est une association créée en 2010. Sa mission est de promouvoir l'optimisme et l'enthousiasme dans tous les domaines de la vie, privée ou publique, économique, culturelle ou sociale. Selon la Ligue des optimistes de France[2], « l'optimisme est une attitude mentale qui aide à appréhender la vie d'une manière positive et active, autour de

2. Source : www.liguedesoptimistes.fr.

quelques convictions fondamentales : le monde à venir est fait avant tout de possibles favorables et d'opportunités à saisir ; face à tout problème, l'intelligence créatrice des hommes trouvera toujours une solution ; en toutes circonstances, l'utilisation de nos forces ouvre davantage de possibilités que la lutte contre nos faiblesses ; face à l'inconnu, on a toujours le contrôle sur quelque chose, ne serait-ce que sur nos propres pensées ».

Bénéfices de l'optimisme

- Augmenter l'allongement de l'espérance de vie
- Créer des relations sociales épanouissantes, plus fortes
- Être plus serein, plus confiant, admiratif, enjoué
- Entretenir une bonne estime de soi-même
- Gérer mieux son stress

Mon expérience

“Mon entourage me dit que je suis optimiste car j'aime voir les opportunités plutôt que les problèmes dans la vie. Pour moi, être optimiste, c'est un travail de tous les jours, c'est un état d'esprit qui s'apprend et s'entretient pour que la vie soit plus belle. Je suis les conseils du Québécois Charles Côté qui dit, drôlement inspirant : “Quand je vis quelque chose de négatif, j'ai le réflexe de me répéter : ça va être curieux de voir comment cela va se retourner à mon avantage.” J'aime dire cette phrase mentalement pour lâcher prise au niveau mental, pour être plus

sereine, pour prendre de la hauteur par rapport à la situation et pour trouver des solutions qui me permettent de débloquer la situation. Cela permet à mon mental de faire un temps de pause, de ne pas rester focalisée sur le problème et de laisser les opportunités de la situation venir à moi en étant positive. »

PRATIQUE DU JOUR : MUSCLER SA POSITIVE ATTITUDE

[5 MINUTES]

Choisissez une ou plusieurs actions à expérimenter aujourd'hui et ressentez ce qui se passe à l'intérieur de vous.

- » Avoir un mantra (je demande le meilleur pour ma journée, je donne le meilleur de moi-même, je vais faire de mon mieux aujourd'hui) pour muscler son optimisme dès le réveil.
- » Mettre un sourire sur son visage en se regardant dans le miroir dès le matin permet de changer sa physiologie.
- » Se parler gentiment et s'encourager (devant votre miroir, à haute voix, faites-vous des compliments sur votre physique, vos projets...).
- » S'entraîner à tourner une situation désagréable en positive (changement d'état d'esprit).
- » Observer le cadeau caché derrière les situations difficiles.
- » Envoyer des messages positifs (citations, extraits d'ouvrages positifs...) à ses proches.
- » Prendre le temps de regarder un beau paysage, se faire un endroit cocooning chez soi, s'entourer de belles choses.

Astuce : écoutez AirZen Radio, une bulle d'infos 100 % positives, une bulle d'optimisme pour ensoleiller vos journées, sur le site www.airzen.fr.

Témoignage de Saphia Larabi, directrice de l'Observatoire Spinoza[3]

« Je fais le choix quotidien de l'optimisme. Mes bébés ont tout juste 1 an. Je les ai vus apprendre à marcher, à jouer de leur corps, à tenter de nouvelles positions, à se lever, à s'appuyer pour longer, à trébucher, à tomber parfois, à se relever toujours jusqu'à traverser le salon avec aisance. Aux premiers pas, comme à chaque tentative, la joie les illumine. On estimerait à 2 000 chutes l'art d'apprendre à marcher. Les bébés, grands maîtres d'optimisme ? Quelle est l'origine de l'optimisme ? Serait-il un code bien ancré dans nos gènes et perdu en chemin ? Relève-t-il de l'inné ou de l'acquis ? Si autrefois on pensait l'optimisme comme un facteur génétique majoritairement héréditaire, désormais, on estime cette part d'héritabilité à 30 et 50 %. Il s'agit donc d'une prédisposition qui se réalise en fonction de l'interaction avec l'environnement. Aussi, d'aucuns diront qu'il est également intéressant de s'intéresser à l'origine du pessimisme. On y découvrirait de nombreux conditionnements, critiques, impuissances apprises... Choisissons notre camp ! Le philosophe Alain disait "le pessimisme est d'humeur, l'optimisme est de volonté". L'optimisme n'influence pas seulement le bien-être et notre vie sociale. Il est gorgé de bénéfices scientifiquement avérés, nous dit Ilona Boniwell, docteure en psychologie positive. Les optimistes sont moins stressés, moins anxieux, moins enclins à la dépression et plus satisfaits de leur vie. Ils sont en meilleure santé, avec une meilleure espérance de vie. Ils sont plus confiants, ont une meilleure estime d'eux-mêmes et adoptent plus souvent des comportements favorables à leur santé. Ils sont plus productifs au travail et plus persévérants, plus audacieux, plus actifs. Ils sont plus aptes à l'adaptation face à l'adversité et à l'acceptation de la réalité. Ils sont davantage

3. Source : www.fabriquesspinoza.org.

axés aux solutions, créatifs et ils inventent de nouvelles solutions. Autrement encore l'optimisme séduit et fédère : 85 % des présidents américains élus au siècle dernier étaient – pas nécessairement les meilleurs – les plus optimistes. L'optimisme est une histoire que l'on peut apprendre à se raconter pour mieux la vivre. La recherche en psychologie positive distingue deux conceptions majeures de l'optimisme. D'une part, une conception directe fondée sur les attentes : l'optimiste s'attend à davantage d'événements heureux que malheureux. C'est l'optimisme dispositionnel. D'autre part, une conception indirecte consistant en une interprétation, une manière d'expliquer les causes et influences des événements positifs ou négatifs. C'est le style explicatif. L'optimiste apprend à se raconter une histoire pour expliquer les événements en situation de réussite ou d'échec selon différents indicateurs qui rendent son vécu positif. Quoi qu'il en soit, cela ouvre la porte à de nombreuses stratégies pour cultiver l'optimisme au quotidien. Dans ce climat de perma-crise et d'incertitude, je nous souhaite de renouveler le choix de l'optimisme.»

POUR ALLER PLUS LOIN

» Chaîne YouTube Nathalie Le Borgne, interview avec Catherine Testa sur « Oser l'optimisme ».

» Le printemps de l'optimisme[4] : créé en mars 2018, un mouvement unique pour faire progresser l'optimisme en France en lien avec la Ligue des optimistes de France pour permettre à chacun de relayer l'optimisme dans sa région.

4. Source : www.printempsdeloptimisme.com.

2. RÊVER GRAND

> *« Il n'y a qu'une seule chose qui rend un rêve impossible à réaliser : la peur de l'échec. »*
>
> PAULO COELHO

Plusieurs personnes nous incitent et nous autorisent à rêver, comme Walt Disney avec sa citation « Si vous pouvez le rêver, vous pouvez le faire », Oscar Wilde, qui nous invite à regarder loin et à viser plus haut : « Il faut toujours viser la lune car même en cas d'échec, on atterrit au milieu des étoiles. » Nous ne nous autorisons pas à rêver grand alors que les neurosciences et la psychologie cognitive nous disent que le cerveau ne fait pas la différence entre le réel et l'imaginaire.

Je vous partage l'échange que j'ai avec Sébastien Cazaudehore, anthropobiologue, sur notre cerveau et la communication avec soi[5,6].

« La relation que l'on entretient avec soi-même est déterminante pour notre capacité à évoluer dans un contexte social de manière harmonieuse, constructive et plaisante. Et cette relation se construit sur la base de la communication que nous entretenons avec nous-mêmes ; de la nature et de la qualité de notre dialogue intérieur dépend la manière dont nous construirons notre propre réalité et interagirons avec. »

---

5. Sébastien Cazaudehore, *Éduquez votre cerveau pour devenir maître de votre vie*, Éditions Leduc, 2024.
6. Émission BVE #20 avec Sébastien Cazaudehore, « Éduquez votre cerveau », https://youtu.be/J_JOE5jN-lQ?si=3RgopVjzrj_o8Db2.

Cette communication se fait donc avec notre cerveau, au niveau conscient. Ce sont les réflexions que l'on se fait, les pensées que l'on a, les images que l'on génère, les situations que l'on imagine, et autres. Cependant, nous oublions trop souvent que cette communication ne se limite pas à cette sphère consciente, de même qu'elle n'est pas forcément issue de la conscience. En effet, notre inconscient y joue un rôle prépondérant. Lorsque nous verbalisons certaines pensées, cet inconscient va les intégrer comme des informations à part entière. Cela semble très logique et naturel, mais en faisant cette constatation, il est alors essentiel de bien comprendre la mécanique de fonctionnement de notre cerveau et les règles qui la régissent.

Ces règles sont au nombre de quatre et vont être essentielles pour déterminer la qualité de cette communication, ainsi que celle de notre relationnel avec notre environnement.

VOTRE CERVEAU NE COMPREND PAS LE NÉGATIF

Le négatif est une vue de l'esprit, une construction dans le langage que nous utilisons, il n'a pas de réalité dans l'univers et dans la biologie qui régit et structure notre cerveau. Tout dans la nature fonctionne comme sur la base du 0-1, où 1 représente une action, et 0 une absence d'action. Il y a donc le positif, et rien d'autre.

VOTRE CERVEAU NE FAIT PAS LA DIFFÉRENCE ENTRE LE RÉEL ET LA FICTION

Ce n'est pas parce que quelque chose n'est pas tangible, comme toutes nos pensées ou notre manière de nous considérer, que cela n'a pas un impact profond sur notre inconscient et notre état d'être. Pour le cerveau tout est réel.

VOTRE CERVEAU CROIT TOUJOURS CE QUE VOUS LUI DITES

Toutes ces pensées, vos émotions, vos dévalorisations, votre sentiment d'incomplétude, aucune information n'est rejetée. Si vous croyez que quelque chose est vrai, alors votre cerveau le considérera comme tel.

VOTRE CERVEAU REND RÉEL CE QUI EST IMPORTANT POUR VOUS

L'importance d'une information pour le cerveau se mesure à la fois qualitativement, par exemple en fonction de l'intensité d'une réaction émotionnelle qui y sera liée, mais aussi quantitativement, c'est-à-dire en fonction du nombre de fois où la même information ressurgit. Donc plus vous vous focaliserez sur quelque chose, plus votre cerveau y accordera d'importance et tendra à repérer cette chose dans votre environnement.

À présent, imaginez une personne qui se répète à longueur de journée la phrase "Je me sens parfois tellement nul, j'aimerais tellement ne pas être malheureux", et réfléchissez à l'impact que cela pourrait avoir sur sa vie. Il est essentiel que ces quatre règles soient comprises lorsque l'on s'intéresse à notre communication interne, surtout si on compte l'améliorer pour ne plus qu'elle nous fasse souffrir. Sinon comment pourrait-on espérer vivre harmonieusement et interagir avec le reste du monde ?

Pour réaliser vos rêves, la visualisation va vous aider à vous préparer mentalement à atteindre votre objectif en conditionnant votre cerveau à voir, entendre et ressentir le succès dans votre esprit. Cet exercice mental consiste à prendre le temps d'imaginer ce qui se passerait si vous parveniez à atteindre vos objectifs.

Les athlètes de haut niveau utilisent fréquemment cette pratique de la visualisation comme outil de préparation mentale pour optimiser leurs performances. Par exemple, Tiger Woods, considéré comme l'un des plus grands golfeurs de tous les temps, est connu pour pratiquer la visualisation mentale avant chaque coup. Avant de frapper la balle, il visualise mentalement son trajet, en se concentrant sur chaque détail, y compris la trajectoire, la distance et la force nécessaire. Cette technique l'aide à préparer son esprit avant d'exécuter le coup réel, ce qui lui permet d'améliorer sa performance sur le parcours.

Bénéfices de rêver grand

- Atteindre ses objectifs, optimiser ses performances
- Renforcer son bien-être au quotidien
- Se donner de la motivation et de la confiance pour réaliser son projet
- Stimuler la créativité en explorant mentalement de nouvelles idées, des scénarios innovants

Mon expérience

« Après avoir trouvé ma direction et pris la décision de venir m'installer au bord de la mer en Bretagne pendant la covid, mon intuition me dit que c'est

la bonne décision, cependant je ne trouve pas de logement. L'agence immobilière que je contacte me dit que c'est rare de trouver un appartement en bord de mer à l'année, ils n'ont pas rentré de biens depuis six mois. Ils me disent que je dois plutôt chercher dans une ville aux alentours. Je suis leur conseil et je fais environ une quinzaine de visites, sans succès. Un jour, lors d'une visite, je réalise que ce que je visite ne correspond pas à mes attentes, je décide donc de me focaliser uniquement sur les appartements en bord de mer, mon premier choix. Je suis déterminée, motivée et je décide de mettre en place la technique de visualisation et de rêver grand. Tous les matins et soirs avant de dormir je prends cinq minutes. Assise dans mon lit, au calme, je commence par décrire ma carte postale en me visualisant habitant un appartement avec vue sur mer, une place de parking et un balcon orienté sud, une cuisine aménagée, deux chambres, une salle de bains avec toilettes séparées, une cave... Lorsque j'ai mis le plus d'éléments possible, j'entre dans la carte postale et je la fais vivre en ressentant une joie, un bien-être à l'intérieur de ma poitrine. Je me visualise être dans mon appartement, je vais à la plage à pied, je peux accueillir mes amis avec une chambre d'amis. C'est la première étape avant de mettre les actions en place. Au bout d'un mois et demi, j'ai l'appel de l'agence immobilière qui fait entrer l'appartement de mes rêves et cela a été au-delà de mes attentes.»

PRATIQUE DU JOUR : LA VISUALISATION

[5 MINUTES]

Vous pouvez le faire le matin au réveil ou le soir avant de dormir car vous serez en onde thêta, ce qui est propice pour la visualisation. Cet exercice mental consiste à prendre le temps d'imaginer ce qui se passerait si vous parveniez à atteindre vos projets.

- Reprenez l'objectif SMART que vous vous êtes fixé dans l'étape 4 : trouver sa direction.
- Installez-vous dans un endroit calme où vous ne serez pas dérangé.
- Asseyez-vous sur une chaise, sur un coussin par terre ou en position du lotus.
- Faites le calme intérieur, concentrez-vous sur votre respiration en faisant trois respirations à votre rythme.
- À présent, vous allez mettre tous les détails de votre projet sur une carte postale, où êtes-vous, avec qui... soyez le plus précis possible.
- Puis entrez dans la carte postale, vous allez la faire vivre et ressentir que votre projet est déjà réalisé, ressentez cette joie en vous qui remplit votre cœur.
- Faites cette visualisation jusqu'à ce que votre objectif soit atteint.

Astuce : pour les personnes qui n'ont jamais pratiqué la visualisation, je vais vous donner un exemple : fermez les yeux, pensez à un citron, vous allez peut-être voir sa couleur jaune, sa forme, son odeur, son goût acide qui vous fait saliver. *Vous avez fait de la visualisation !*

BONUS : RÉALISER SON TABLEAU DE VISION

Un tableau de vision est une représentation physique de vos objectifs, vos rêves qui vous permet d'entrer en résonance avec votre subconscient. Posez-vous les questions : si tout était possible, quelle serait ma vie idéale ? De quoi ai-je envie dans

ma vie ? Rassemblez des images découpées dans des magazines ou sur Internet, des mots-clés, des citations inspirantes en relation avec votre vie idéale et collez-les sur une feuille au format que vous souhaitez. Vous pouvez l'encadrer et l'accrocher à un endroit où vous le verrez souvent ou le prendre en photo sur votre téléphone. Prenez quelques minutes par jour pour le regarder et vous en imprégner.

Témoignage de Carine Le Borgne, PhD, experte en droit de l'enfant[7]

« Durant mes études, ce qui m'intéresse le plus, c'est de défendre la cause des personnes les plus vulnérables, en particulier les enfants. Après mes études en France, je pars au Québec en stage pour découvrir comment nos voisins québécois travaillent en matière de défense des droits de l'enfant. C'est lors de mon séjour que je découvre qu'il y a un master en droit de l'enfant au niveau international qui s'ouvre en Suisse. Pour moi, c'est une évidence, je dois m'inscrire à cette formation, j'ai toujours voulu faire des études où l'on traite uniquement des droits de l'enfant. Ce master est dispensé en anglais et accueille des étudiants étrangers, je sais que ça ne sera pas facile mais j'ai une motivation intérieure forte. Après ce master, je trouve ma direction, travailler dans le domaine des droits de l'enfant pour les ONG internationales. C'est ainsi que je suis partie en Inde, aux Philippines et en Égypte avec ASMAE-Association Sœur Emmanuelle. Puis je continue avec une thèse à l'université d'Édimbourg en Écosse. Rien ne me prédestine à faire cette thèse, je ne côtoie pas de personnes thésardes, mais j'ai une motivation très forte d'approfondir mes connaissances sur la participation des enfants dans

7. Chaîne YouTube Nathalie Le Borgne, interview avec Carine Le Borgne, PhD, sur « Tout est possible ».

les décisions qui les concernent. Je ne me suis pas mis de barrière ; je me suis dit "tout est possible, je me lance dans cette aventure". Pendant ces années de doctorat, j'ai des hauts et des bas, beaucoup de doute, je cherche les ressources en moi pour ne rien lâcher et aller jusqu'au bout. Mon parcours n'a pas toujours été facile à comprendre par mon entourage qui ne comprend pas toujours très bien mes choix. Ma direction m'a permis de garder mon cap et de me focaliser sur ce qui était vraiment important pour moi, défendre la cause des enfants les plus démunis en leur donnant la parole. Lorsque je regarde en arrière, c'est avec une grande satisfaction que je me dis que tout est possible et que ça vaut le coup de se challenger, d'avoir osé rêver grand en faisant un doctorat et de travailler à l'international pour faire entendre la parole des enfants.”

POUR ALLER PLUS LOIN

Interview sur la chaîne YouTube Nathalie Le Borgne avec Hicham Akhadam sur le thème de la visualisation.

3. PASSER À L'ACTION

> *« Ils ne savaient pas que c'était impossible, alors ils l'ont fait. »*
>
> MARK TWAIN

Je fais partie des personnes qui aiment se lancer des défis pour passer à l'action. Tout le monde n'aime pas le faire et je le conçois car nous sommes tous différents. Passer à l'action n'est pas toujours évident, les freins sont nombreux et cela peut faire peur. Pour moi se lancer un défi va me permettre de me dépasser, de ne pas être spectatrice de ma vie, d'aller chercher mes ressources insoupçonnées au lieu de laisser la vie agir à ma place et d'attendre que cela se passe.

Me lancer des défis, des challenges me permet de piloter ma vie, cela me donne de l'énergie, je me sens vivante, je suis dans l'action. Mes amis me donnent souvent des défis à relever pour aller chercher mes forces, c'est mon mode de fonctionnement.

Le meilleur moment pour se lancer des défis est maintenant. En passant à l'action on se trompe parfois et en ne faisant rien, on se trompe souvent. Ne cherchez pas à être parfait, vous apprendrez en chemin, avancez un pas après l'autre. Même si des difficultés arrivent, rien ne vaut l'expérience d'avoir tenté. Nous devons accepter l'échec. Ne cherchez pas tous les prétextes pour ne pas vous lancer car ce seront de formidables opportunités pour vous décider à passer à l'action.

Bénéfices de passer à l'action

- Concrétiser ses projets (personnels ou professionnels)
- Générer de l'enthousiasme, de la motivation, être fier de soi
- Renforcer sa confiance en soi, surpasser ses peurs
- S'ouvrir à de nouvelles opportunités
- Donner plus de sens à sa vie, sentiment de satisfaction

Mon expérience

« Lorsque j'arrive à Mayotte en 2007, je ne connais personne. Le cabinet de radiologie où je travaille doit me trouver un logement mais le jour de mon arrivée, j'ai la surprise de voir qu'ils n'ont rien trouvé. Je dors quelques jours à l'hôtel, il y a des barreaux à l'hôtel, je ne suis pas habituée, moi qui viens de quitter la Corse. La secrétaire du cabinet voyant mon désarroi me propose de m'héberger quelques jours chez elle, cela me fait du bien et en plus son mari est breton, ce qui me rappelle mes origines bretonnes. J'ai ma sœur jumelle Carine au téléphone, je lui explique ma situation et mon envie de rentrer en métropole. Elle a plus l'habitude que moi de voyager par son travail, elle est aux Philippines et elle sait qu'il faut du temps lorsque l'on arrive dans un nouveau pays pour s'adapter. Elle me lance le défi de rester deux semaines et elle me dit au bout de

ces deux semaines "tu pourras prendre ta décision de rentrer ou pas". Je ne suis pas très enjouée mais je relève le défi. Je regarde et je mets des annonces à l'hôpital, dans les magasins à Mamoudzou pour trouver un logement. Je ne trouve rien. Je décide d'aller me présenter à l'hôpital et d'aller demander au responsable du service de radiologie s'il connaît des personnes qui recherchent une coloc pour partager un logement. Il appelle devant moi les manipulateurs radio pour me trouver une solution pour mon logement. Isabelle, une manipulatrice radio, vit en colocation avec quatre autres personnes originaires du sud-ouest de la France. Ils gardent une chambre pour les visites des familles mais ils acceptent de me dépanner deux semaines. Je reste un an en colocation à Mayotte dans une superbe ambiance avec mes colocataires. Merci à Carine de m'avoir donné ce défi car je pense que je serais partie au bout de trois jours et je n'aurais pas vécu cette belle expérience outre-mer. Plus récemment en 2019, j'assiste à une formation en Espagne à Malaga pour mon entreprise. Une personne vient à moi et me dit "voici une technique pour passer à l'action et aller parler aux personnes que tu ne connais pas. Tu dis intérieurement : 5, 4, 3, 2, 1 GO et tu vas parler à une personne". Je l'ai testée plusieurs fois et à chaque fois j'ai eu de beaux échanges alors que je n'osais pas aller vers ces personnes. Le plus dur c'est de faire le premier pas.»

[10 MINUTES MINIMUM]

PRATIQUE DU JOUR : SE LANCER UN DÉFI

Je vous propose de vous lancer un défi sur sept jours.

» Choisissez parmi les exemples suivants si vous n'avez pas d'idées :

- arrêter de regarder les réseaux et la télévision ;
- cuisiner un plat original par jour ;
- marcher trente minutes par jour ;
- méditer dix minutes par jour ;
- lire dix pages d'un livre par jour ;
- se lever dix minutes plus tôt ;
- etc.

» Écrivez sur une feuille blanche le choix de votre défi, et recopiez cette phrase que vous signez et datez : « Je m'engage à participer pleinement à ce défi (le nommer ici) et à le terminer. »

C'est parti pour votre défi !

Astuce : commencez par vous lancer un défi à faible enjeu que vous validez et choisissez un autre défi qui a un enjeu plus fort, allez-y progressivement.

BONUS : CÉLÉBRER LES PETITES VICTOIRES

Se lancer des défis c'est bien et célébrer les victoires c'est encore mieux. Je vous propose de prendre du temps pour réfléchir à la récompense que vous allez vous offrir en pensant au défi que vous vous êtes fixé.

- Célébrez vos succès avec ceux qui vous soutiennent pleinement.
- Choisissez une célébration parmi la liste suivante (liste non exhaustive) : aller dans un beau salon de thé et commander une bonne pâtisserie ; aller prendre un verre avec des amis, des collègues et trinquer à la réussite du projet/défi ; vous offrir des fleurs ; aller vous faire masser ; acheter un livre, un vêtement ; un bon repas au restaurant ; un week-end dans un lieu insolite ; un voyage ; un concert, etc.
- Prenez le temps d'ancrer cette victoire lorsque le défi est réalisé en ressentant mentalement le chemin parcouru.

Témoignage de Pierre Rabine, nageur handisport

« Après deux semaines et demie de coma, je me réveille, je suis amputé des quatre membres suite à un accident de travail en 2018. À mon réveil, je suis déboussolé, en voyant mon corps, je suis dans l'incompréhension totale, je comprends petit à petit ce qui s'est passé. Une des premières choses que je me dis : ça ne sert à rien de s'exciter. Je prends le temps de réfléchir et je me dis : qu'est-ce que je veux faire de ma vie, est-ce que je veux mourir ou vivre ? Je choisis de vivre et de

pratiquer la natation pour rythmer mon quotidien en m'inscrivant dans un club. Mon objectif est de me qualifier pour les Jeux paralympiques 2024 à Paris. Il y a des personnes qui ne se lancent jamais de défi et c'est OK, elles ne veulent pas se prendre la tête et veulent vivre tout simplement, elles ne se donnent pas d'objectifs à atteindre. Chacun fait ce qu'il veut. Je sais que pour moi c'est important et cela m'aide à vivre au quotidien d'avoir ce défi. Je me pose souvent la question : au pire du pire qu'est-ce qui se passe ? Cette question me permet de relativiser vis-à-vis des résultats aux compétitions. Il faut oser, aller de l'avant mais cela peut faire peur. Grâce à mon objectif de participer aux Jeux paralympiques 2024 en natation, j'ai pu découvrir de magnifiques personnes et j'ai déjà de magnifiques souvenirs avec les différentes étapes de qualification au cours de ces dernières années. »

Témoignage d'Amélie qui a participé au défi sept jours BVE « Boostez votre énergie »

« *Le programme BVE est arrivé à point nommé, comme une petite méthode simple, légère, "joyeuse", à la fois réconfortante et énergisante. Ce que j'apprécie particulièrement : le format "vidéo très courte", cinq minutes avec une architecture toujours identique, qui se répète et qui s'ancre rapidement, comme une petite "check-list" (le thème, la citation, la pratique, le défi, le RDV du soir). L'énergie de Nathalie, que l'on "retrouve" littéralement, chaque jour, la découverte de notions, d'auteurs, de disciplines. Le format "défi", qui met chaque jour une action en tête : pour la gratitude, par exemple, j'ai conscientisé le fait que je le faisais déjà, et cela a renforcé ma pratique et le bienfait. J'ai commencé et je n'avais plus envie de m'arrêter. Nathalie nous suggère trois semaines pour ancrer de nouvelles habitudes. J'ai suivi le défi BVE pendant dix semaines consécutives, je n'avais pas envie de m'arrêter. Effectivement, j'ai remarqué que cela apporte de l'énergie et aussi une forme de "zénitude", une satisfaction immédiate, un compagnon de route.*»

POUR ALLER PLUS LOIN

En 2020, j'ai créé le défi sept jours BVE « Boostez votre énergie » pour gagner en énergie positive et renforcer son mental. Cinq minutes par jour pendant sept jours, avec un exercice physique, une thématique et un défi à relever. Au jour 8, j'invite les participants à faire le bilan des sept jours. Je conseille de refaire deux fois ce défi pour faire un cycle de vingt et un jours dans le but d'ancrer de nouvelles habitudes. Des centaines de personnes ont relevé ce défi et elles ont pu voir les changements s'opérer en elles. Je continue à le faire plusieurs fois dans l'année lorsque je sens que je m'éparpille ou que j'ai besoin d'un boost d'énergie.

DÉFI 5 :
« PILOTER SA VIE »

Pour lancer et pérenniser ce ressourcement en vous, je vous propose un défi sur sept jours, entre cinq et dix minutes par jour pour commencer, puis augmentez en fonction du temps que vous avez.

Q1 : Quelle **pratique** avez-vous envie d'expérimenter ?

- ☐ Muscler sa positive attitude
- ☐ La visualisation
- ☐ Réaliser son tableau de vision
- ☐ Se lancer un défi
- ☐ Célébrer les petites victoires

Q2 : À quel **moment de la journée** avez-vous envie de vous entraîner ?

- ☐ Au réveil
- ☐ Avant de commencer votre journée
- ☐ Après le repas du midi
- ☐ Fin de journée
- ☐ Avant de dormir

Au jour 8, vous faites le bilan et vous répondez à ces questions :

» Quel est mon niveau d'énergie sur une échelle de 1 à 10 ? (1 : peu d'énergie ; 10 : maximum d'énergie.)

» Dans quelle émotion je me trouve après la pratique ?

» Célébrez en vous faisant plaisir car vous avez été jusqu'au bout du défi 5.

CONCLUSION
ÊTRE SON PROPRE MÉCANICIEN

Nous arrivons à la fin des cinq étapes pour booster votre énergie, je vous propose de faire votre autobilan. Vous êtes votre propre mécanicien à présent, à vous de créer votre propre boîte à outils parmi les trente-cinq clés de la liste ci-dessous. Elle vous permettra à tout moment de booster votre énergie en fonction des événements plus ou moins agréables que vous traversez. À vous de jouer !

Étape 1 : faire le contrôle technique

- ☐ État des lieux corps-esprit
  1-Respiration complète
  2-*Shake your body*
- ☐ S'autoriser à faire un stop
  3-Matrice d'Eisenhower (gestion des tâches)
  4-Point antistress
- ☐ Apprendre à mieux se connaître
  5-Scan corporel
  6-Relaxation de Jacobson
- ☐ Exprimer ses émotions
  7-Séquence rapide d'EFT (technique de libération émotionnelle)
  8-*Reset* corps-esprit

- ☐ Se libérer de ses croyances limitantes
  9-Force du narratif
  10-Danser sur votre chanson préférée

Étape 2 : entretenir son véhicule

- ☐ Gagner en énergie : les automassages Do-In
  11-Séance express automassages Do-In
  12-La boule d'énergie
- ☐ Recharger vos batteries : le Qi Gong
  13-La posture de l'arbre
  14-Marcher dans la rosée
- ☐ Soulager la fatigue oculaire : le yoga des yeux
  15-Séance rapide yoga des yeux
- ☐ Rire : le yoga du rire
  16-Rire pendant cinq minutes
- ☐ Bouger son corps au quotidien
  17-Bouger trente minutes
  18-Pratiquer la marche

Étape 3 : choisir son carburant

- ☐ La sieste pour récupérer de l'énergie
  19-S'exercer à la microsieste
- ☐ L'eau, votre alliée au quotidien
  20-Boire un verre d'eau chaude
- ☐ L'alimentation comme booster d'énergie
  21-Manger en conscience

- ☐ S'émerveiller au quotidien : la gratitude
  - 22-Tenir un journal de gratitude
  - 23-Partager vos gratitudes familiales

Étape 4 : activer son GPS

- ☐ Trouver sa direction
  - 24-Trouver son Ikigai
  - 25-Se fixer des objectifs SMART
- ☐ Écouter son intuition
  - 26-Être à l'écoute de son intuition
  - 27-Créer sa routine intuitive
- ☐ Booster sa confiance en soi
  - 28-Créer son blason
  - 29-Identifier ses valeurs
- ☐ Se créer un environnement positif
  - 30-Se rapprocher d'une personne inspirante

Étape 5 : piloter sa vie

- ☐ Oser l'optimisme
  - 31-Muscler sa positive attitude
- ☐ Rêver grand
  - 32-La visualisation
  - 33-Réaliser son tableau de vision
- ☐ Passer à l'action
  - 34-Se lancer un défi
  - 35-Célébrer les petites victoires

Félicitations, bravo !!! Pour votre engagement d'avoir été jusqu'au bout. Soyez fier de vous, vous avez été jusqu'au bout des cinq étapes. Vous avez testé les différentes pratiques physiques et mentales et des défis pour être votre propre mécanicien.

Vous avez bougé votre corps, vibré avec le cœur et écouté votre intuition pour oser décider de votre vie en réalisant des projets qui vous tiennent à cœur.

Je vous propose à présent un exercice d'autofeedback pour voir s'il y a des changements qui se sont opérés en vous et autour de vous.

Répondez à ce questionnaire spontanément, en écoutant votre ressenti. Faites-vous confiance !

» **Quelle étape parmi les cinq présentées avez-vous préférée ?**

» **Quelle pratique du jour vous a fait le plus de bien ?**

» **Dans quelle émotion êtes-vous à la fin de ce livre ?**

» **Où se situe votre baromètre intérieur au niveau énergie aujourd'hui ?**

» **Si vous aviez un mot pour ancrer ce que vous avez mis en place avec la méthode BVE, quel serait-il ? Ce mot vous accompagnera lorsque vous serez en énergie basse pour changer et rebondir face à une situation. Ce mot peut changer en fonction de votre évolution.**

Si vous le souhaitez, vous pouvez m'envoyer vos réponses par mail à leborgnenathalie22@gmail.com. Votre témoignage est précieux !

Pour terminer j'ai une devinette pour vous, quelle est la différence entre deux musiciens qui jouent la même partition ?

Vous avez trouvé... Eh bien, c'est la répétition, l'entraînement pour ancrer de nouvelles habitudes.

Comme les sportifs de haut niveau qui répètent le même geste pour être le plus performant possible et ne pas laisser le doute entrer en eux lors d'une compétition.

Allier le corps et le mental vous permettra d'oser décider de votre vie. Au bout d'un moment, vous verrez que les choses bougent, s'ouvrent et se transforment naturellement car vous aurez mis une intention, un focus et votre énergie pour que vos projets se réalisent.

Je suis ravie de vous avoir accompagné à booster votre énergie avec la méthode BVE : oser décider de sa vie avec les trente-cinq clés pour agir au quotidien. Vous avez bougé votre corps et renforcé votre mental jour après jour. À vous de continuer d'expérimenter en prenant du plaisir avec ces différentes techniques. Vous êtes votre propre mécanicien à présent, à vous de créer votre propre boîte à outils. Elle vous permettra à tout moment de booster votre énergie en fonction des événements plus ou moins agréables que vous traversez.

Célébrez chaque étape,
chaque pas que vous faites
vers votre vie rêvée !

REMERCIEMENTS

Je remercie toutes les personnes qui ont cru en moi et qui m'ont encouragée à écrire ce livre. Ma famille, mes parents, mes frères, Stéphane et Xavier, ma sœur jumelle Carine qui m'a soutenue tout au long de l'écriture.

Séverine qui a toujours cru en moi et en mes capacités de formatrice.

Flavia qui a aimé ma méthode BVE et m'a incitée à écrire ce livre.

Les éditions Le Courrier du Livre qui m'ont fait confiance pour ce premier livre.

Merci à toutes les personnes que j'ai interviewées sur ma chaîne YouTube, qui m'inspirent au quotidien et qui ont accepté de participer à ce livre par leurs témoignages.

Merci à toutes les personnes que j'accompagne, qui ont suivi mes formations en entreprise et les séances individuelles. Vous m'avez fait grandir, évoluer et progresser chaque jour pour écrire ce livre.

BIBLIOGRAPHIE

Étape 1

Élodie Crépel et Fabrice Micheau, *C'est décidé, je change de vie*, Le Courrier du Livre, 2024.
Olivier Clerc, *Les 40 Secrets du bonheur au quotidien*, Pocket, 2023.
Sébastien Cazaudehore, *Éduquez votre cerveau pour devenir maître de votre vie*, Éditions Leduc, 2024.
Flavia Mazelin Salvi, *Les Mots qui nous libèrent*, Le Courrier du Livre, 2023.
Byron Katie, *J'ai besoin que tu m'aimes : Est-ce vrai ?*, Guy Trédaniel éditeur, 2006.

Chaîne YouTube Nathalie Le Borgne

Fabrice Micheau, émission BVE #23 : « C'est décidé, je change ma vie ».
Jean Louis Graziani, émission BVE #7 : « Improvisation et hypnose ».
Marie Annell : « L'EFT pour booster son énergie ».
Flavia Mazelin Salvi, émission BVE #10 : « Les mots qui nous libèrent ».
Étienne Avronsart, émission BVE #9 : « Voyage sonore ».
Nathalie Le Borgne : « Le point anti-stress ».

Étape 2

Jean Rofidal, *L'Art du Do-In : Se renouveler chaque jour*, Ambre, 2007.
Anne-Béatrice Leygues, *Do-In : La voie de l'énergie*, Marabout, 2014.
Yves Requéna, *À la découverte du Qi Gong*, Guy Trédaniel éditeur, 2008.
Martine Depondt-Gadet, *Qi Gong au féminin au rythme des saisons*, Chariot d'Or, 2012.
William Bates, *Une vue parfaite sans lunettes ni traitement ou intervention*, Le Courrier du Livre, 2008.
Xanath Lichy, *Voir clair : Comment abandonner ses lunettes*, Granger, 2004.

Xanath Lichy, *Yoga des yeux : 60 exercices pour soulager et entretenir la vue*, Hachette bien-être, 2021.
Henri Rubinstein, *Psychosomatique du rire*, Robert Laffont, 1983.
Corinne Cosseron et Linda Leclerc, *Le Yoga du rire : Hasya yoga et clubs de rire du Dr Madan Kataria*, Guy Trédaniel éditeur, 2014.
Corinne Cosseron, *Remettre du rire : La rigologie mode d'emploi*, Robert Laffont, 2009.

Sites internet

- OMS Europe dans sa stratégie sur l'activité physique pour 2016-2025 : https://www.emro.who.int/fr/health-education/physical-activitiy/background.html.
- Ministère de la Santé et de la Prévention, « Activité physique et santé » : https://sante.gouv.fr/prevention-en-sante/preserver-sa-sante/article/activite-physique-et-sante.
- Agence nationale de sécurité sanitaire de l'alimentation, de l'environnement et du travail (Anses), « Avis de l'Anses relatif à l'évaluation des risques liés aux niveaux d'activité physique et de sédentarité des adultes de 18 à 64 ans, hors femmes enceintes et ménopausées », Anses, Maisons-Alfort (France), 2022 : www.anses.fr/fr/system/files/NUT2017SA0064-b.pdf.
- Haute Autorité de santé, « Guide des connaissances sur l'activité physique et la sédentarité », HAS, Saint-Denis La Plaine (France), 2022 : www.has-sante.fr/upload/docs/application/pdf/2022-08/guide_connaissance_ap_sedentarite_vf.pdf.

Chaîne YouTube Nathalie Le Borgne

Nathalie Le Borgne : « Réveil musculaire avec les automassages Do-In en 5 minutes ».
Nathalie Le Borgne : « Qi Gong : les 8 pièces de Brocart ».
Nathalie Le Borgne : « Yoga des yeux pour lutter contre la fatigue oculaire ».
Xanath Lichy : « Le yoga des yeux pour lutter contre la fatigue oculaire face aux écrans ».
Corinne Cosseron : « Rire pour booster ses défenses immunitaires ».
Olivier Grall : « Bouger son corps au quotidien ».

Étape 3

Thierry De Greslan et Magali Sallansonnet-Froment, *La Mini-sieste : Retrouvez forme et vitalité en quelques minutes*, Rustica, 2017.

Robert Emmons, *Merci ! : Quand la gratitude change nos vies*, Belfond, 2008.

Florence Servan-Schreiber, *Trois Kifs par jour*, Marabout, 2019.

Sites internet

- Institut national du sommeil et de la vigilance : https://institut-sommeil-vigilance.org.
- Centre d'information de l'eau : www.cieau.com.
- Fondation ARC pour la recherche contre le cancer : www.fondation-arc.org/actualites/2021/risque-de-cancers-letau-se-resserre-sur-la-consommation-de-sucre.

Chaîne YouTube Nathalie Le Borgne

Sylvie Coppin, émission BVE #22 : « Les aliments qui donnent de l'énergie ».

Florence Servan-Schreiber : « Comment pratiquer la gratitude ».

Conférence avec Olivier Clerc : « Magicien du quotidien : tout changer sans rien changer ».

Étape 4

Marilyse Trécourt, *50 Exercices pour trouver son ikigai : Vivre de ce qui vous fait vibrer*, Eyrolles, 2022.

Nicolas Proupain, *Devenez ce que vous êtes : Méthode complète pour trouver sa voie*, ESF, 2015.

Laurent Gounelle, *Intuitio*, Calmann Lévy, 2020.

Natacha Calestremé, *Trouver ma place*, Albin Michel, 2021.

Alexis Champion et Marie-Estelle Couval, *Développer votre intuition*, Éditions Leduc, 2018.

David O'Hare et Jean Marie Phild, *Intuitions : Apprenez à écouter votre voix intérieure pour prendre de meilleures décisions*, Thierry Souccar Éditions, 2011.

Sylvaine Jung, *Entrez dans la magie de l'intuition*, Le Courrier du Livre, 2019.

Mino Rakotozandriny, *Je cultive le minimalisme*, Le Courrier du Livre, 2023.

Ariane Giacobino, *Peut-on se libérer de ses gènes ? : L'épigénétique*, Stock, 2018.

Joël de Rosnay, *La Symphonie du vivant : Comment l'épigénétique va changer votre vie*, Les Liens qui libèrent, 2018.

Chaîne YouTube Nathalie Le Borgne

Hicham Akhadam : « La visualisation ».

Conférence Laurent Gounelle : « Oser décider de sa vie ».

Nicolas Raimbault, émission BVE #1 : « Boostez votre énergie ».

Kim Bennour : « VSC (victoire, sérénité, confiance) ».

Mino Rakotozandriny, émission BVE #16 : « Je cultive le minimalisme ».

Sophie Lacoste : « Comment vivre en harmonie avec son environnement ».

Martine Depondt-Gadet : « La médecine chinoise et l'épigénétique ».

Sommet de l'intuition février 2021, chaîne YouTube Nathalie Le Borgne, liste des intervenants

Lydie Castells : « Intuition : et si on l'écoutait vraiment ».

François Lemay : « Calmer le mental pour écouter son intuition ».

Ivan Skybyk : « 3 clés pour écouter son intuition ».

Isabelle Fontaine : « Comment développer son intuition ».

Marie Estelle Couval : « Les faux amis de l'intuition ».

Morgane Février : « Comment utiliser ses capacités intuitives ».

Ludovic Bréant : « Écoutez votre intuition ».

Laurent Gounelle : « Roman initiatique : Intuitio ».

Étape 5

Philippe Gabilliet, *Éloge de l'optimisme : Quand les enthousiastes font bouger le monde*, J'ai lu bien-être, 2018.

Marie Forleo, *Tout est possible : Créez la vie et le job de vos rêves*, Alisio, 2022.

Noor Hibbert, *Passez à l'action ! : Comment voir grand pour transformer radicalement sa vie*, Éditions Leduc, 2023.

Sites internet

- Ligue des optimistes de France : www.liguedesoptimistes.fr.
- Site de l'optimisme : www.loptimisme.com.
- Podcast « Grand bien vous fasse ! » sur France Inter, 1er janvier 2024, les bienfaits de l'optimisme sur la santé : www.radiofrance.fr/franceinter/podcasts/grand-bien-vous-fasse/grand-bien-vous-fasse-du-lundi-01-janvier-2024-2624185.

Chaîne YouTube Nathalie Le Borgne

Sébastien Cazaudehore, émission BVE #20 : « Éduquez votre cerveau pour devenir maître de votre vie ».

Carine Le Borgne, PhD : « Tout est possible ».

Hicham Akhadam : « La visualisation ».

Interview avec Pierre Rabine, émission BVE #3 : « BVE Boostez votre énergie ».

Retrouvez Nathalie Le Borgne

Accompagnement individuel avec la méthode BVE « Boostez votre énergie »

Si vous souhaitez être guidé pour vivre pleinement et vous créer une vie sur mesure, je vous propose des séances par Zoom, WhatsApp ou en présentiel à Paris et en Bretagne.

Formation de groupe, conférences, programme BVE en ligne

J'anime des formations, des conférences en présentiel en France, des programmes en ligne pour booster votre énergie et se créer une vie sur mesure.

Contactez-moi *via* le formulaire de contact que vous trouverez sur mon site : www.nathalieleborgne.com, ou par courriel : leborgnenathalie22@gmail.com

Retrouvez-moi sur les réseaux sociaux :
Nathalie Le Borgne « Boostez Votre Énergie »
@boostenergie
Nathalie Le Borgne
@nathalieleborgne22

Je me ferai un plaisir de répondre à vos questions.

Composition et mise en pages
Nord Compo à Villeneuve-d'Ascq

Achevé d'imprimer en septembre 2024
sur les presses de la Nouvelle Imprimerie Laballery
58500 Clamecy
Dépôt légal : septembre 2024
Numéro d'impression : 409260

Imprimé en France

La Nouvelle Imprimerie Laballery est titulaire de la marque Imprim'Vert®